DIGITALE WANDERKARTE
Karte in der App freischalten

MAPPA DELLE ESCURSIONI DIGITALE
Abilitazione della mappa nell'App

DIGITAL HIKING MAP
Activating the map in the app

Den Kartenbereich der gekauften Wanderkarte in der **KOMPASS Wanderkarten-App** freischalten:

Abilitare l'area della mappa delle escursioni acquistata nell' **App mappa delle escursioni KOMPASS**:

Activating the map area of the purchased hiking map in the **KOMPASS hiking maps app:**

1. App herunterladen und anmelden
Download dell'App e accesso/Download and register the app

Die Wanderkarten-App im App Store oder in Google Play herunterladen und über die App oder über **www.kompass.de** anmelden.

Scaricare l'App delle mappe delle escursioni dall'App Store o da Google Play o dall'indirizzo **www.kompass.de**

Download the hiking maps app in the App Store or the Google Play Store and register it via the app or at **www.kompass.de**

2. Karte freischalten
Abilitazione della mappa/ Activate the map

Auf **www.kompass.de/app/karte** kann die Karte mit dem Code freigeschalten werden.

All'indirizzo **www.kompass.de/app/karte** è possibile abilitare la mappa con il codice.

The map can be activated with the code at **www.kompass.de/app/karte**

3. Karte herunterladen
Download della mappa/Download the map

Der Kartenbereich kann jetzt in der App gratis heruntergeladen und offline genutzt werden.

A questo punto è possibile scaricare gratuitamente l'area della mappa nell'App ed utilizzarla offline.

The map area can now be downloaded free of charge in the app and used offline.

Code:
Codice:/Code:

978-3-99121-592-9

Alle Wanderkarten von KOMPASS nutzen:
Utilizzare tutte le mappe delle escursioni di KOMPASS:
Use all KOMPASS hiking maps:

KOMPASS PRO

Am Kartenrand angekommen? Alle Karten in unserer App verfügbar!
Stockeralm
Alpengarten
Brecherspitz
1683
Jägerbauernalm
8:02
Wo willst du hin?
Spitzingsattel
1127
Spitzingalm
Imbissstube
DAV Haus
Spitzingsee
Spitzing-
see
BLSV-Haus
Arabella
Alpenhotel
Gundlalm
Klausenhütte
Lyra Alm
Alte Wurzhütte
Spitzingsee
1090
E-Werk1
Albert-Link-Hütte
1053
Wilde Fräul
Stümpflingbahn
Grünseealm
Schwarzenkopf
1464
Diensthütte
Wildfütterung
Bleckstein-
Winterstube
1060
Blecksteinhaus
Untere
Haushameralm
Rotkopf
1602
1560
625
637
642
643
644
645
649
635b
635c
637a

RATGEBER
Für einfache Orientierung mit der App

ASSISTENTE (IT)
Orientamento semplice grazie all'App

GUIDE (E)
For simple orientation with the app

IMMER WISSEN, WO MAN IST
Die Orientierung ist auf der digitalen Karte dank GPS ein Kinderspiel. Ein roter Punkt zeigt den aktuellen Standort und mit einem Pfeil in die Marschrichtung.

(IT) LOCALIZZAZIONE SEMPRE AGGIORNATA
L'orientamento sulla mappa digitale diventa un gioco da ragazzi grazie al GPS. Un puntino rosso mostra la posizione corrente e la direzione di marcia è contrassegnata da una freccia.

(E) KNOW WHERE YOU ARE AT ALL TIMES
Orientation on the digital map is child's play thanks to GPS. A red dot indicates your current location and an arrow which way to walk.

GLEICHES KARTENBILD
Wanderkarten und die Wanderkarten-App sind eine perfekte Ergänzung. Eine gedruckte Wanderkarte sollte zur Sicherheit immer dabei sein. Die KOMPASS Karte besitzt das gleiche Kartenbild wie in der digitalen Form. Damit lässt sich perfekt mit beiden Medien arbeiten.

(IT) PROFILO CARTOGRAFICO UNIFORME
Le mappe delle escursioni e l'App delle mappe delle escursioni si integrano alla perfezione. Si consiglia di portare sempre con sé una versione cartacea della mappa delle escursioni. La mappa KOMPASS dispone dello stesso profilo cartografico del formato digitale. Grazie a questa soluzione è possibile orientarsi con entrambi i supporti.

(E) THE SAME MAP IMAGE
Hiking maps and the hiking maps app go perfectly together. A printed hiking map should always be carried for safety reasons. The KOMPASS map has the same map image as in the digital form. So it's perfectly easy to work with both media.

PRAKTISCHES FORMAT
Eine Wanderkarte bietet eine perfekte Übersicht über eine Region. Während einer Wanderung bietet die digitale Karte den Vorteil des handlichen Smartphone-Formats. Es kann einfach in die Hosentasche gesteckt werden und ist somit immer griffbereit.

(IT) FORMATO PRATICO
Una mappa delle escursioni offre una perfetta panoramica di una regione. Nel corso di un'escursione la mappa digitale offre il vantaggio del pratico formato smartphone. È possibile conservarla senza difficoltà nelle tasche dei pantaloni risultando sempre a portata di mano.

(E) A PRACTICAL FORMAT
A hiking map provides a perfect overview of a region. During a hike the digital map offers the advantage of the convenient smartphone format. You can simply put it in your pocket and it's always close at hand.

SKALIERBAR
Während eine gedruckte Wanderkarte einen fixen Maßstab besitzt, kann die digitale Karte vergrößert werden, um Details besser ablesen zu können.

(IT) INGRANDIMENTO E RIDUZIONE IN SCALA
Mentre una mappa delle escursioni in versione cartacea presenta una scala fissa, è possibile ingrandire la mappa digitale per leggere meglio i dettagli.

(E) SCALABLE
While a printed hiking map has a fixed scale, the digital map can be enlarged in order to read details better.

LIVE SIGNAL UND AUFZEICHNEN
Mit der KOMPASS App können die Touren aufgezeichnet werden oder zur Sicherheit mit anderen Live geteilt werden.

(IT) LIVE SIGNAL E REGISTRAZIONE
Grazie all'App di KOMPASS è possibile registrare i tracciati o condividerli con altri utenti in tempo reale per motivi di sicurezza.

(E) LIVE SIGNAL AND RECORD
With the KOMPASS app tours can be recorded or shared live with others for safety.

INHALTSVERZEICHNIS

Indice/Contents

DEUTSCH

OUTDOOR THEMEN

Action	**8**
Aktiv	**10**
Kinder	**12**
Natur	**14**
Schlechtwetter	**18**

WANDERTOUREN

1 Badia – Heiligkreuz – Armentarawiesen	**20**
2 Forcela dl Lêch – Lêch de Lagació	**22**

ITALIANO

TEMI ALL'APERTO

Movimento	**24**
Dinamicità	**26**
Bambini	**28**
Natura	**30**
Maltempo	**32**

CAMMINATE

1 Badia – Santa Croce – Prati di Armentara	**34**
2 Forcela dl Lêch – Lêch de Lagació	**36**

ENGLISH

38 **OUTDOOR ACTIVITIES**

Action **38**
Active **40**
Kids **42**
Nature **44**
Rainy days **46**

HIKING TOURS 48

1 Badia – Heiligkreuz – Armentarawiesen **48**
2 Forcela dl Lêch – Lêch de Lagació **50**

DEUTSCH/ITALIANO/ENGLISH

52 **DETAILKARTEN**
Mappe dettagliate/Detailed maps

1 Drei Zinnen **52**
2 Cortina d'Ampezzo **54**
3 Passo Falzarego - Lagazuoi **56**
4 Cadore **58**
5 Alleghe **60**

HÜTTEN UND ALMEN/BAITE E RIFUGI/ALPINE HUTS AND REFUGES 62
Für neuen Aufschwung/Per una nuova ripresa/
For relaxation and recovery

66 **IMPRESSUM** und Kontakt
Colophon e contatto/Imprint and contact

ACTION

Für mutige Abenteurer

Der Autor, Schauspieler und Komiker George Carlin meinte einst: „Das Leben wird nicht gemessen an der Anzahl unserer Atemzüge, sondern an der Anzahl der Augenblicke, die uns den Atem rauben." Allein der Anblick der Dolomiten, insbesondere der drei Zinnen, raubt wahrhaft den Atem. Und wer einen der folgenden Tipps für mutige Abenteurer ausprobiert, dem wird es erst recht den Atem verschlagen. George Carlin wäre von Cortina d'Ampezzo mit Sicherheit begeistert.

MOUNTAINBIKEN (A–C 1/2| Die Südtiroler Dolomiten sind vor allem von Juni bis September eine beliebte Bike-Region, in der ruhigeren Vor- und Nachsaison (Mai bzw. Oktober) ist es aber auch sehr schön auf den mitunter spektakulären MTB-Strecken. Eine anspruchsvolle Tour führt von Corvara nach La Villa, dort rechts, durch San Cassiano und Armentarola auf die Valparola-Alm. Auf der alten Passstraße geht es zum interessanten Museum des Ersten Weltkrieges. Ein anspruchsvoller Singletrail führt zum Passo Falzarego. Dort geht es wieder aufwärts auf den Col Gallina, von wo aus man wieder die Rückfahrt antritt. Die Strecke ist 41 km lang, wobei ein Aufstieg von über 1.100 Höhenmetern zu bewältigen ist.

KLETTERN (D 1) | Die Dolomiten mit ihren Zinnen, Türmen und Felsnadeln sind ein Kletter-Eldorado; Klettersteige und Klettergärten – vom Einsteiger bis zum Routinier findet jeder das passende Angebot. Ein beliebter Klettersteig ist die Via Ferrata Albino Michielli Strobel an der Punta Fiames. Ausgangspunkt ist beim Hotel Fiames, von wo aus ein gut markierter Pfad zum Einstieg des Klettersteigs führt. Dieser durchquert die Westwand, später sichern Drahtseile den Weg, dann auch Leitern und Felsstufen bis zum Gipfel der Punta Fiames. Der Abstieg erfolgt in nordöstlicher Richtung, zur Pomagagnon-Scharte, in der man gut absteigen kann. Unten angekommen ist die Beschilderung rasch wieder zu erkennen, die einen zurück nach Fiames bringt.

SNOWKITE (C 2/3) | Wenn der Schnee die Landschaft in glitzerndes Weiß hüllt und der Wind zu blasen beginnt, dann ist es wieder Zeit zum Snowkiting. Mit Ski oder Snowboard und einem Kite geht es von Dezember bis April am Passo Giau auf einer Seehöhe von 2.236 m ordentlich zur Sache. Ausgedehnte flache Bereiche wechseln hier mit Höhen und Tiefen. Kite4Freedom bietet individuelle Kurse an, außerdem können Drachen, Gurte und Protektoren ausgeliehen werden. Voraussetzung für das Unterfangen sind entsprechende Wetterbedingungen sowie ein Mindestalter von 15 Jahren.

www.kite4freedom.it

TRAILRUNNING (C 2/3) | Der Nuvolau-Trailrun gehört zu den beliebtesten rund um Cortina d'Ampezzo. Wer ihn läuft, weiß warum. Denn landschaftlich ist dies mit Sicherheit eine der beeindruckendsten Touren. Gestartet wird am Passo Giau. Auf dem Weg Nr. 443 geht es nordwärts Richtung Cinque Torri. An der Weggabelung beim Rifugio Cinque Torri biegt man nach links und folgt dem Weg Nr. 439 Richtung Forcella Nuvolau. An der Kreuzung beim Rifugio Averau geht es auf den Weg 441, später auf 463, der den Läufer zum Rifugio Fedare bringt. Von dort geht es wieder aufwärts zum Ausgangspunkt am Passo Giau. Diese mittelschwere Trailrunning-Strecke ist 10,7 km lang.

CORTINA ADRENALIN CENTER (D 2) | Ein Abenteuerspielplatz erwartet große Actionhungrige in Cortina. Inmitten eines Lärchenwaldes geht es in diesem Hochseilgarten von Baum zu Baum. Dabei sind Elemente wie Rutschen, Leitern, Hängebrücken, Netze und Seilwinden Teil des Parcours. Gute Nerven, Mut und Geschicklichkeit werden hier verlangt. Insgesamt stehen 15 Parcours, von einfach (für Kinder) bis zu sehr schwierig zur Wahl. Neben dem Abenteuerpark bietet das Cortina Adrenalin Center unterschiedliche Unternehmungen an, z. B. auch Canyoning.

Località Sopiazes
I-32043 Cortina d'Ampezzo
Tel. +39 335 815 5177
www.adrenalincenter.it

SKITOUR MONTE MONDEVAL (C/D 3) | Der Aussichtsberg Monte Mondeval (2.455 m) ist dank des hohen Ausgangspunktes sehr gut zu erreichen. Für eine Skitour bietet es sich an, ca. 2 km östlich von Pescul zu starten. Hier führt zunächst eine Forststraße aufwärts, die Schilder weisen den Weg zur Malga Mondeval. Nach Erreichen der Malga Mondeval di Sotto geht es weiter auf dem linken Hang bis zur Malga Mondeval di Sopra, von wo aus man sich nun aus Nordosten bis auf den Gipfel vorarbeitet. Am Monte Mondeval bietet sich ein großartiges Panorama. Die Abfahrt erfolgt auf demselben Weg. Aufgrund der nördlichen Exposition ist hier die Schneelage in der Regel sehr günstig.

AKTIV

Für vielseitigen Freizeitspaß

Der schweizerisch-französische Architekt Le Corbusier nannte einst die Dolomiten das schönste architektonische Kunstwerk der Welt. Und wahrlich, die schroffe Bergwelt mit den einzigartigen Farbenspielen (Schlagwort Alpenglühen), ist ein natürliches Kunstwerk, das einlädt, sich aktiv zu betätigen und Kraft aus der Natur zu tanken.

GOLF (A 2; D/E 2) | Golfspiel auf hohem Niveau und in der traumhaften Kulisse der Dolomiten bieten die beiden 9-Loch-Golfplätze in Corvara und Cortina d'Ampezzo. Auf einer Seehöhe von 1.700 m bzw. 1.200 m gelegen herrschen von Juni bis Oktober ideale Golfbedingungen. Spiel und Erholung, Sport und Naturerlebnis – das erwartet leidenschaftliche Golfer hier in der Region.

Golf Club Alta Badia
Strada Planac, 9
I-39033 Corvara in Badia
Tel. +39 0471 836655
www.golfaltabadia.it

Golf Cortina
Località Fraina, 14/15
I-32043 Cortina d'Ampezzo
Tel. +39 0436 860952
www.cortinagolf.it

MTB-TOUR PRALONGIA-PLATEAU (A/B 1/2) | Auf das Pralongia-Plateau führen mehrere Radrouten, der Panorama-Ausblick auf die umgebende Dolomitenberge ist in jedem Fall die Tour wert. Wir starten die hier vorgestellte Tour in La Villa, folgen dem Künstlerweg „Le Tru di artis" nach San Cassiano, an der Talstation des Piz Sorega geht es nach rechts, weiter auf den Weg Nr. 18 und dann 24 B Richtung Pra de Störes. Von der Ütia Pralongia weiter zur Ütia Inzija, dort rechts (Weg Nr. 24) zur Negerhütte und abwärts zur Landesstraße 244, die uns nach Corvara bringt, von wo aus wir den Radweg retour nach La Villa nehmen. Die Strecke ist rund 24,5 km lang, Dauer 3 ½ Stunden.

SKIFAHREN | Von November bis April ist Skisaison in Cortina d'Ampezzo. Dann geht es für alle Wintersportler auf die Abfahrten und Pisten im Skieldorado Cortina. Die Region gehört mit den drei Skigebieten Cortina Cube, Tofana und Lagazuoi – 5 Torri, die mit einem kostenlosen Skibus verbunden sind, zum Skikarusell Dolomiti Superski mit insgesamt 12 Regionen und über 1.200 km Pisten, die mit einem Skipass befahren werden können, darunter 85 km rund um Cortina. Damit ist das Skikarusell das größte Skigebiet weltweit. Bestens präparierte Pisten, moderne Liftanlagen und traumhafte Natur sind Teile des spaßigen Skiurlaubs. Und auch die Austragung der Alpinen Skiweltmeisterschaften 2021 ist Zeichen der großartigen Bedingungen für Wintersportler.

www.dolomitisuperski.com

LAGO DI MISURINA (F 1) | Frisches, klares Wasser erwartet Gäste am Lago di Misurina, der sich malerisch in den umgebenden Dolomiten-Kranz einfügt. Die Strände am Wegesrand bieten sich für ein erfrischendes Bad an. Der See lädt ein zu gemütlichen Freizeitaktivitäten. Er eignet sich gut zu entspannten Kanutouren oder zum Angeln. Außerdem ist der See bekannt für seine gute Luft, nicht umsonst befindet sich hier ein Zentrum für Kinderasthma. Der Lago di Misurina ist Ausgangspunkt für zahlreiche Wanderungen und Klettertouren. Besonders schön ist es, wenn das Abendrot die Bergwelt rund um den Lago di Misurina in zauberhaftes Rot färbt.

LANGLAUFEN (D–F 1/2) | Langläufer finden rund um Cortina d'Ampezzo eine Vielzahl an Loipenkilometern. Zahlreiche Beschneiungsanlagen sorgen für Schneesicherheit. Insbesondere der Tre Croci-Pass mit seiner anspruchsvollen 10 km langen Loipe ist beliebt bei Profis des Nordischen Skisports. Eine Besonderheit ist die Loipe „Ferrovia", die auf 23 km auf der stillgelegten Trasse der Dolomitenbahn von Cortina (Fiames Nordic Center) über Ospitale und Cimabanche bis nach Toblach führt (immerhin 15 Jahre lang waren die Orte so miteinander verbunden) und für Langläufer beider Techniken (Klassisch und Skating) geeignet ist. Von Fiames bis nach Cimabanche sind es auf der mittelschweren Strecke 23 km. Außerdem starten in Fiames mehrere Ringloipen unterschiedlicher Schwierigkeitsgrade. Hier kann man auch nachts unter Flutlichtbeleuchtung seine Runden drehen.

TENNIS (D 2) | Von Mai bis September kann man im Stadion Apollinio den Tennisschläger schwingen. Die 5 Tennisplätze (2 mit rotem Sand und 3 mit Kunstrasen) stehen unter der Obhut des Tennis Country Club Cortina, der auch Tenniskurse von staatlich geprüften Tennislehrern für Anfänger, Fortgeschrittene und Profis anbietet.

Tel. +39 0436 868486
www.tenniscortina.it

KINDER

Für kleine Helden

Die Dolomiten sind ein riesengroßer Abenteuerspielplatz, in dem sich Sagengestalten tummeln und sich Kinder richtig austoben können. Die Bewegung an der frischen Luft ist nicht nur gesund, sondern macht auch wunderbar müde. Die folgenden Vorschläge sind also nichts für Stubenhocker.

MOVIMËNT-PARKS (A 1/2) | Unter der Bezeichnung „Movimënt-Park" verbergen sich gleich mehrere Sommerparks auf der Hochebene in Alta Badia in rund 2.000 m Seehöhe, die die ganze Familie zu Spaß und allen möglichen Aktivitäten einladen. Da gäbe es z. B. den Park auf dem Piz La Ila mit kleinem See und Wasserfall, Kletterwänden, Slackline-Zone und für die Größeren ein Slalom-Trainingsbereich. Im Spaghettino-Park Pralongià erwartet Kinder ein kleiner Wurm, mit dem es die Natur und insbesondere die Tierwelt zu entdecken gilt. Beide Parks sind jeweils bequem mit Seilbahn oder Liften erreichbar. Natürlich führen aber auch jede Menge angenehmer Wanderwege zu den Movimënt-Parks.

Tel. +39 0471 836073
www.moviment-altabadia.de

FAMILIENWANDERUNG (A 1) | Familien finden eine Vielzahl an gemütlichen Wandermöglichkeiten in der Region. Ein idealer Lehrpfad führt „Auf den Spuren der Wildtiere" von der Hütte Lee oberhalb von Badia auf dem Weg Nr. 7A zum kleinen Bergsee Lêch dla Lè. Auf dem Weg trifft man auf allerhand wilde Tiere wie Eule oder Bär in Form von Skulpturen aus Holz. An der Liftstation des Santa Croce-Sessellifts sowie in der Lee-Hütte gibt es übrigens eine Stempelkarte mit einem Sammelspiel, die Kinder auf ihrem Weg begleitet. Als Belohnung für die (erfolgreiche) Schatzsuche gibt es danach ein Erinnerungs-Geschenk an den Ausgabestationen. Die Strecke ist mit rund 1 km relativ kurz und für die ganze Familie mühelos zu meistern.

DREI ZINNEN ADVENTURE PARK (H 2) | Kletterhungrige Kinder müssen raus! Im Drei Zinnen Adventure Park können sich Klettermaxe ab 3 Jahren richtig austoben. Denn schon für die Kleinsten gibt es hier einen sicheren Spielparcours. Und dann gibt es noch 5 weitere Parcours bis zu einer Höhe von 14 m. Von der Panoramaplattform auf 20 m Höhe ergibt sich übrigens ein toller Ausblick auf die Drei Zinnen. Kleinkind, Jugendliche, Erwachsene – für die ganze Familie ist hier etwas dabei, von einfach bis sportlich-anspruchsvoll. Und für noch mehr Action steht in Auronzo di Cadore auch noch der Fun Bob zur Wahl (siehe unten).

Tel. +39 0434 581173
www.euro-sporting.it/tre-cime-adventure-park
www.monteagudo.it

FUN BOB (H 2) | Eine rasante Abfahrt vom Monte Agudo bei Auronzo di Cadore bietet sich mit dem Fun Bob an. Die Sommerrodelbahn startet auf einer Höhe von 1.361 m von der Bergstation des Sessellifts Taiarezze – Malon. Dort, wo sich im Winter Skifahrer tummeln, geht es im Sommer über die grüne Wiese und mit bis zu 45 km/h über Kurven und Kehren rasant ins Tal. Kinder unter 7 Jahren müssen begleitet werden, ab 8 Jahren darf alleine gefahren werden. Die Länge der Strecke beträgt rund 3 km.

www.monteagudo.it

FAMILY ARCHERY PARK (A 2) | In den Sommermonaten können sich Familien im Bogenschießen probieren. Im Family Archery Park auf dem Piz La Ila, der bequem mit der Seilbahn zu erreichen ist, können Bögen ausgeliehen werden. Konzentration, Feingefühl und Treffsicherheit fordern Kinder gleichermaßen wie Erwachsene heraus. Intuition ist bei diesem raffinierten Gerät gefragt. Dabei geht es nicht darum, eine spezielle Technik zur Perfektion zu bringen. Vielmehr gehen die Bogenschützen auf eine Reise zur Entdeckung uralter, ursprünglicher menschlicher Instinkte im Einklang mit der Natur.

www.familyarcherypark.com

ZOLDO-PARK (D 4) | Am Crep di Pecol im Val di Zoldo gibt es gleich neben der Bergstation der Seilbahn einen riesigen Spielplatz für Kinder von 3 bis 12 Jahren, der ausgestattet ist mit Hüpfburgen, Trampolinen, Hindernisbahn, Schwimmbad mit Rutschen, Sand u. v. m. Der Zoldo-Park liegt direkt am Rifugio Pian del Crep. Der Spielpark ist von Juli bis September geöffnet. Und während die Kinder herumtoben können sich die Eltern in den Liegestühlen mit Sonnenschirm entspannen. In den Wintermonaten verwandelt sich der Zoldo-Park in einen kindgerechten Snow Park.

NATUR

Für vielfältige Entdeckungen

UNESCO-Weltkulturerbe – zu Recht tragen die Dolomiten dieses Prädikat, gehören sie doch zu den schönsten Berggipfeln der Welt. Seit dem Jahr 2009 sind sie dank ihrer geomorphologischen und geologischen Wertigkeit, der Eigen- und Einzigartigkeit und der imposanten Schönheit als Weltnaturerbe anerkannt. Darüber hinaus stehen im Norden bzw. Nordwesten von Cortina d'Ampezzo mit dem Naturpark Ampezzaner Dolomiten sowie dem Naturpark Fanes-Senes-Braies zwei Gebiete unter besonderem Schutz.

NATURSCHUTZPARK AMPEZZANER DOLOMITEN (B–E 1/2) | Der Naturschutzpark Ampezzaner Dolomiten grenzt nördlich an Cortina d'Ampezzo. Die „Regole d'Ampezzo", die antiken Bewirtschaftungsregeln, haben die natürliche Schönheit dieser Region bewahrt und so über Jahrhunderte zum Erhalt der Biodiversität beigetragen. Auch heute noch wird das Gebiet jenseits von Siedlungsraum und touristischer Erschließung bewahrt. Flora und Fauna, Gewässer und Moore, Grasland und Hochgebirgswälder machen den Reichtum dieses Parks aus. Wanderer können den schönen Naturschutzpark zu Fuß erkunden und auch einige Vie Ferrate sind hier zu erklettern.

www.dolomitiparco.com

DINOSAURIER-FUSSABDRÜCKE (D 3) | Dass hier einst tropische Bedingungen herrschten und sich Dinosaurier am Rande des Meeres auf die Suche nach Nahrung machten klingt eher nach einer Filmhandlung. Vor 220 Mio. Jahren trug sich dies jedoch hier, am Fuße des Pelmetto, tatsächlich zu. Die Dinosaurier hinterließen auf ihrer Suche spuren, die sich heute noch in Form von Felsabdrücken nachempfinden lassen. Vom Staulanza-Pass führt eine kurze Wanderung zum Höhenweg Nr. 1 bzw. Weg Nr. 472, wo man sich ein Bild von diesem Ereignis machen kann. Der Weg ist am letzten Teilstück recht steil und führt auf rutschigem Kies. Gehzeit rund 1 Stunde.

SOMADIDA-WALD (F/G 2) | „Man sieht den Wald vor lauter Bäumen nicht", sagt man manchmal. Im Somadida-Wald, einem Naturschutzgebiet zwischen Auronzo di Cadore und Misurina findet man tatsächlich einen Wald reich an Tannen, Lärchen, Buchen und anderen Bäumen, der seinesgleichen sucht. Seit dem 15. Jh. steht dieser Wald, der zu den schönsten in den Dolomiten zählt, unter Schutz, damals noch unter jener der Venediger Republik. Sie nutzte die langen Baumstämme zum Bau ihrer Schiffsflotte. Zahlreiche gemütliche Wander- und Spazierwege führen durch den Wald. In diesem märchenhaften Wald fühlen sich verständlicherweise auch Gämsen, Rehe, Eulen, Birkhuhn und Co. pudelwohl.

LAGO DI LIMIDES (C 2) | Oberhalb des Passo Falzarego liegt der Lago di Limides, ein wunderschöner Bergsee, in dem sich die umgebende Bergwelt widerspiegelt und der leicht zugänglich ist. Von der Passhöhe (Parkmöglichkeit) wandert man den Weg Nr. 441 bzw. Höhenweg Nr. 1 durch Wiesen aufwärts. An einer Kreuzung, die den Weg zur Croda Negra weist, hält man sich links und erreicht kurze Zeit später den Lago di Limides. Er beeindruckt vor allem durch das Panorama auf die Tofana de Rozes. Die Wanderung ist auch für Familien mit Kindern geeignet. In sehr trockenen Jahren kann es allerdings vorkommen, dass das Wasser im See knapp wird. Retour kann man alternativ auch über den Weg Nr. 419 zum Rifugio Col Gallina wandern.

LAGO DEL SORAPIS (E/F 2) | Der milchig-türkisblaue Lago del Sorapis zählt zu den spektakulärsten Bergseen in den Dolomiten. Der Weg dorthin ist schwer, wird jedoch durch die zauberhafte Erscheinung dieses Naturjuwels belohnt. Ausgangspunkt ist das Rifugio Faloria, das mit der Seilbahn von Cortina d'Ampezzo erreichbar ist. Auf Weg Nr. 213+216 geht es zur Forcella Marcoira und dem Lago del Sorapis, der eingebettet im zerklüfteten Gebirgsstock der Sorapis-Gruppe liegt. Der Rückweg erfolgt auf Weg Nr. 215 Richtung Tre Croci-Pass. Dauer 6 Stunden. Tipp: Man kann am Rifugio Vandelli al Sorapis einkehren und übernachten und so die Tour halbieren. Alternativ kann man als Ausgangspunkt der Tour den Passo Tre Croci wählen.

LAGAZUOI – 5 TORRI, SCHAUPLÄTZE DES I. WELTKRIEGS (B/C 2) | Das Gebiet Lagazuoi – 5 Torri war im Ersten Weltkrieg hart umkämpft. Italienische und österreichische Alpentruppen standen sich hier an der Dolomiten-Front gegenüber. Die Stellungen der Truppen wurden in den letzten Jahren restauriert und sind heute Teil eines großen Freilichtmuseums mit verschiedenen Standorten: Das Museum am Lagazuoi/Lagació, das Museum 5 Torri und das Museum am Sas de Stria, alle sind im Zuge von mehr oder weniger anspruchsvollen Wanderungen erreichbar. Am Valparola-Pass informiert das Museum Forte Tre Sassi über die Geschichte des Ersten Weltkriegs an der Dolomitenfront.

KOMPASS
KOMPASS
Wanderführer + Extra-Tourenkarte
5780
Dolomiten
Höhenwege 1 – 3
71 Etappen/Touren
Michael Will
Extra-Tourenkarte
2in1
zum Mitnehmen
www.kompass.de

PIRCHER
SÜDTIROL
WILLIAMS
PIRCHER
PIRCHER
WILLIAMS
WILLIAMS-CHRISTBIRNEN-EDELBRAND
Acquavite di Pere Williams
700 ml
40% vol

SCHLECHTWETTER

Für alternative Unternehmungen

Bei diesem Schlechtwetter-Programm sollte für jeden Geschmack etwas dabei sein: Für naturwissenschaftlich und theologisch Interessierte, Kunstaffine, Kulturkenner und Shopping-Queens. Vom einfachen Museum bis zur Flaniermeile der High Society ist alles dabei.

MESSNER MOUNTAIN MUSEUM DOLOMITES (F4) | Der bekannte Südtiroler Extrembergsteiger Reinhold Messner hat seiner Leidenschaft für die Berge ein Museumsprojekt mit 6 Standorten gewidmet, darunter das MMM am Monte Rite (2.181 m). Das Museum im alten Fort steht im Zeichen des Themas „Fels“. Herzstück der Ausstellung ist eine Galerie mit Dolomiten-Bildern von der Romantik bis heute, die unterbrochen wird von spektakulären Ausblicken auf die umliegende Bergwelt. Besucher erfahren Spannendes zur Erschließungsgeschichte der Dolomiten und über jene Forscher und Kletterer, die diese gewaltige Berglandschaft als erstes erkundeten. Das MMM ist von Juni bis September geöffnet.

www.messner-mountain-museum.it

PALÄONTOLOGISCHES MUSEUM RINALDO ZARDINI (D 2) | 200 Millionen Jahre Erdgeschichte sind im Paläontologischen Museum in Cortina d'Ampezzo versammelt. Die einzigartige Sammlung von Fossilien, Mineralien und Gesteinen aus dem Dolomitengebiet, darunter Megalodonten, Korallen und Schwämme, ist dem Forscherdrang des Ampezzaner Naturforschers Rinaldo Zardini zu verdanken. Sie zeigen die bewegte geologische Geschichte der Landschaft, die einst vom tropischen Meer bedeckt wurde und sich erst später im Zuge von Hebung und Faltung zur heutigen Gebirgslandschaft aufbäumte.

Tel. +39 0436 2206
www.musei.regole.it

MUSEUM FÜR MODERNE KUNST „MARIO RIMOLDI“ (D 2) | Mitten im pulsierenden Herzen von Cortina d'Ampezzo, auf dem Corso Italia, befindet sich das Museum für Moderne Kunst, das Skulpturen und Gemälde der bedeutendsten italienischen Künstler ab dem 20. Jahrhundert vorwiegend aus der Sammlung „Mario Rimoldi“ zeigt. Unter den ausgestellten Werken finden sich Kunstschaffende wie De Pisis, De Chirico, Carrà, Depero, Rotella, Sironi und Campigli.

Tel. +39 0436 2206
www.musei.regole.it

MUSEUM DER PÄPSTE (I 3) | Papst Johannes Paul II. suchte das malerische Bergdorf Lorenzago di Cadore gleich mehrmals in seinem Sommerurlaub auf und auch Papst Benedikt XVI. verbrachte hier 2007 mehrere Wochen. Im Andenken an die Papstbesuche wurde 2005 das Museum der Päpste im historischen Gebäude des Pfarrhauses eröffnet. Die Ausstellung setzt sich vorwiegend aus Fotos der Päpste zusammen, zeigt aber auch päpstliche Gegenstände wie Messgewand mit Papstwappen, Lederschuhe, Wanderstöcke und eine Parkbank, auf der sich Karol Wojtyla während seiner Wanderung ausruhte. Auf den Spuren des Papstes führt übrigens südwestlich von Lorenzago di Cadore der Sentiero del Papa.

www.museodelpapa.it

VÖLKERKUNDEMUSEUM „REGOLE D'AMPEZZO“ (D 2) | Das Völkerkundemuseum in Cortina d'Ampezzo entführt in eine andere Zeit. Hier lebt die Geschichte und Tradition des Ortes wieder auf und wird das bäuerliche und häusliche Leben im Ampezzo-Tal mit den religiösen Bräuchen und dem Kunsthandwerk aufgezeigt. Dazu bietet das Museum alte Werkzeuge der hiesigen Land-, Forst- und Weidewirtschaftskultur und Hausutensilien, Kunstgegenstände, filigrane Schmuckstücke, sakrale Gegenstände und traditionelle Trachten der Gegend.

Tel. +39 0436 2206
www.musei.regole.it

CORSO ITALIA | Wer Urlaub in Cortina d'Ampezzo macht, kommt an einem Bummel auf dem Corso Italia nicht vorbei. Er ist das Herz des Bergortes. Die elegante Flaniermeile ist Mittelpunkt des gesellschaftlichen Lebens und Treffpunkt der High Society. Wer gerne zum Shopping geht, ist hier richtig. Entlang des mondänen Corso finden sich Läden der diversen Modedesigner, Schmuck- und Antiquitätengeschäfte u. v. m. Außerdem laden Trend-Bars, Cafés und Konditoreien zum Verweilen und Beobachten des Geschehens auf dem Corso ein. Auf den Corso Italia blickt übrigens die Pfarrkirche St. Philippus und Jakobus mit dem charakteristischen Glockenturm mit seinem grünem Dach. Sie wurde im Jahr 2011 zur „Basilica minore“ erklärt.

WANDERTOUR 1

BADIA – HEILIGKREUZ – ARMENTARA-WIESEN

1

Durch ein buntes Blütenmeer

9,2 km | 2:30 h | 108 hm | 820 hm

Diese Tour finden Sie im Planquadrat A 1.

START | Badia, Sessellift S. Croce/La Crusc (1.327 m).

CHARAKTER | Leichte Wanderung auf Steigen und Saumpfaden, bei der der Aufstieg durch Liftunterstützung erleichtert wird.

Die beiden Sessellifte bringen Wanderer zu Beginn dieser Tour bequem nach La Crusc/Heiligkreuz auf 2.043 m Seehöhe. Unterhalb des Heiligkreuzkofels, dessen Wände senkrecht gen Himmel ragen, strahlt leuchtend weiß die kleine Heiligkreuzkirche, ein historischer Wallfahrtsort, dem Sie noch einen Besuch abstatten sollten. Wer sich vorab noch einmal stärken will, kann dies bei einem Kaiserschmarren in der daneben befindlichen La Crusc-Hütte tun.

Nun geht es aber los. Wir starten unsere Wanderung oberhalb der Kirche. Vorbei an ein paar Kreuzwegstationen folgen wir dem Weg Nr. 15 in nördlicher Richtung und überqueren

Die Heiligkreuzkirche.

Die Armentara-Wiesen erblühen im Frühling in voller Pracht.

Mager- und Feuchtwiesen. An der Weggabelung schlagen wir den Weg links ein (Nr. 15A). Dieser führt uns auf eine Forststraße, der wir weiter (noch immer der Markierung 15A nach) folgen. Die blumenreichen Bergwiesen zeigen sich vor allem im Frühjahr von ihrer schönsten Seite.

An der nächsten Weggabelung biegen wir nach links und halten uns an die Beschilderung nach Badia „Roda de Armentara“. Der Schotterweg gewinnt an Höhenmetern und wir erreichen die Jausenstation Ranch de Andrè.

Noch ein wenig weiter aufwärts erwartet die Wanderer die Hochfläche Prè Comun, die sich, jahreszeitlich wechselnd, in unterschiedlichen Farben präsentiert, mal blühen hier Anemonen, mal Enziane.

Nun geht es abwärts in die Mulde von Valacia, wo ein kleiner mooriger Tümpel liegt. Im Frühjahr laichen hier Frösche und Kröten, im Sommer trifft man am Tümpel auf Bergmolche.

Wir laufen weiter abwärts bis zum Hof Valgiarëi, wo wir den Weg links einschlagen, weiter den Schildern Badia „Roda de Armentara“ nach. Es folgen die Höfe von Ćialaruns und Ruac. Nach rund 2 ½ Stunden Gehzeit erreichen wir den Ausgangspunkt unserer Tour an der Sessellift-Talstation in Badia.

Ein besonders eindrucksvolles Schauspiel bietet sich dem Betrachter übrigens abends, wenn die Lichtstimmung bei Sonnenuntergang (die Enrosadira) die Gipfel der Dolomiten erglühen lässt.

WANDERTOUR 2

FORCELA DL LÊCH – LÊCH DE LAGACIÓ

2

Schroffe Scharte und stiller Bergsee

10 km | 4:00 h | 799 hm | 799 hm

Diese Tour finden Sie im Planquadrat B 2.

START | Parkplatz an der Capanna Alpina, San Cassiano (1.729 m).
CHARAKTER | Wanderung auf gut gehbaren, aber zum Teil steilen Steigen.

Wanderung im Naturpark Fanes-Sennes-Prags mit eindrucksvollen Aussichten besonders von der Forcela dl Lêch-Scharte.

Diese abwechslungsreiche Bergtour startet an der Capanna Alpina, die sowohl mit dem Auto als auch mit dem Linienbus nach Sciaré erreichbar ist. Vom Parkplatz nehmen wir den Weg Nr. 11 Richtung Osten. Er führt zunächst eben dahin, steigt dann aber zum Col de Loćia mit 2.069 m Seehöhe ordentlich an.

Die Scotoni-Hütte lädt zur Rast.

Der Lagazuoi-See ist eines der Highlights dieser Tour.

Die Vegetation wird hier auf unserem Weg taleinwärts von Latschen bestimmt ehe wir eine große Ebene, L' Gran Plan, erreichen.

An der Wegkreuzung biegen wir rechts ab und nehmen nun den Weg Nr. 20B in südlicher Richtung. Er führt uns in einem stetigen Anstieg zur Forcela dl Lêch-Scharte (Forcela del Lago) (2.475 m).

Von diesem Höhepunkt mit grandiosem Ausblick geht es nun auf einem steilen aber gut ausgebauten Steig steil bergab zum Lêch de Lagació (Lago de Lagazuoi). Er liegt am Fuße der Cima Scotoni, schimmert blau-grün und hebt sich in scharfem Konstrast von der grauen Felslandschaft ab. Der kleine See ist als Naturdenkmal geschützt.

An der nächsten Weggabelung schlagen wir wieder den Weg Nr. 20 ein, der durch Latschenfelder und eine Schlucht zur Ütia Scotoni führt. Hier laden die wunderschöne Naturkulisse und die traditionellen Köstlichkeiten aus Südtirol zur Einkehr ein.

Von dort geht es auf dem Weg in Kehren weiter gen Norden steil bergab auf einer Trasse, auf der im Winter Skifahrer ihre Schwünge ziehen. Nach rund 4 Stunden Gehzeit erreichen wir wieder die Capanna Alpina, unseren Ausgangspunkt. Hier können wir uns nochmals vor unserer Heimfahrt stärken und erfrischen.

Direkt an der Hütte verlassen wir auch wieder den Naturpark Fanes-Senes-Braies, eines der größten geschützten Gebiete Südtirols.

MOVIMENTO

Per i coraggiosi avventurieri

George Carlin, comico, attore e sceneggiatore, ha sostenuto una volta: „La vita non si misura dal numero dei nostri respiri, ma dal numero degli sguardi che ce li tolgono.“ La vista delle Dolomiti da sole, ed in particolare delle Tre Cime, è veramente mozzafiato. E i visitatori che si avvalgono di uno dei seguenti suggerimenti per gli spiriti avventurosi, rimangono davvero senza fiato. George Carlin sarebbe sicuramente stato entusiasta di Cortina d'Ampezzo.

MOUNTAIN BIKE (A–C 1/2) | Le Dolomiti altoatesine sono un'apprezzata regione ciclistica soprattutto da giugno a settembre, mentre nei periodi di bassa stagione (maggio o ottobre) più tranquilli è bellissimo percorrere gli spettacolari tracciati da MTB. Un giro impegnativo conduce da Corvara a La Villa, rimanendo a destra e passando per San Cassiano e Armentarola alla malga Valparola. Lungo l'antico passo si raggiunge l'interessante museo della Prima Guerra Mondiale. Un impegnativo single trail conduce a Passo Falzarego dove si risale a Col Gallina da dove si riprende il percorso di ritorno.Questo giro di 41 km di lunghezza prevede il superamento di un dislivello di oltre 1.100 m.

SCALATE (D 1) | Le Dolomiti con le loro cime, torrioni e guglie rocciose sono un Eldorado degli scalatori. Grazie alle scalate e ai parchi da scalata per principianti ed esperti, tutti i visitatori trovano un'offerta adeguata. Una scalata apprezzata è rappresentata dalla via ferrata Albino Michielli Strobel a Punta Fiames. Il punto di partenza si trova all'hotel Fiames da cui un percorso ben segnalato conduce all'inizio della scalata. Quest'ultima attraversa la parete occidentale ed in seguito le funi metalliche proteggono il percorso oltre alle scale e agli scalini rocciosi fino alla vetta di Punta Fiames. La discesa è possibile verso nord-est in direzione di Forcella Pomagagnon dove è possibile discendere facilmente. Una volta raggiunto il fondovalle, è possibile riconoscere rapidamente la segnaletica che riconduce a Flames.

SNOW KITE (C 2/3) | Se la neve avvolge il paesaggio con un bianco scintillante e inizia ad essere ventoso, è il momento dello snow kite. Munendosi di sci o snow board ed un kite si va sodo da dicembre ad aprile al Passo Giau ad un'altezza sul livello del mare di 2.236 m. Le ampie aree pianeggianti cambiano con l'altitudine e la profondità. Kite4Freedom offre corsi individuali, inoltre è possibile noleggiare deltaplani, cinghie e protezioni. Il requisito per osare è dato dalle condizioni meteorologiche adatte e da un'età minima di 15 anni.

www.kite4freedom.it

TRAIL RUNNING (C 2/3) | Nuvolau trail run è uno dei percorsi più apprezzati di Cortina d'Ampezzo. Provare per credere. Infatti, a livello paesaggistico è sicuramente uno dei giri più impressionanti. Si parte da Passo Giau. Si segue il sentiero 443 in direzione Cinque Torri verso nord. Al bivio di Rifugio Cinque Torri si svolta a sinistra e si segue il sentiero 439 in direzione Forcella Nuvolau. All'incrocio di Rifugio Averau si prende il percorso 441 ed in seguito 463 che porta a Rifugio Fedare da dove si risale al punto di partenza presso Passo Giau. Questo percorso di media difficoltà è lungo 10,7 km.

CORTINA ADRENALIN CENTER (D 2) | Per gli amanti del movimento c'è un parco divertimenti a Cortina. Al centro di un lariceto si passa da un albero all'altro all'interno di questo parco con funi sospese. Il percorso è disseminato di diversi elementi come scivoli, scale, ponti sospesi, reti e verricelli. In questo caso sono necessari nervi saldi, coraggio e destrezza. In tutto sono disponibili 15 percorsi, dai livelli facile (per bambini) fino a molto difficile. Oltre al parco divertimenti, Cortina Adrenalin Center offre differenti iniziative, come ad esempio canyoning.

Località Sopiazes
I-32043 Cortina d'Ampezzo
Tel. +39 335 815 5177
www.adrenalincenter.it

ESCURSIONE SCIISTICA MONTE MONDEVAL (C/D 3) | È possibile raggiungere molto facilmente il monte panoramico di Mondeval (2.455 m) grazie all'elevato punto di partenza. Per un giro sciistico è possibile partire a 2 km circa ad est da Pescul dove una strada forestale conduce innanzitutto in salita e la segnaletica indica il percorso alla malga. Una volta raggiunta Malga Mondeval di Sotto si prosegue lungo il pendio a sinistra fino a Malga Mondeval di Sopra da dove si procede da nord est fino alla vetta. Al Monte Mondeval si gode di un magnifico panorama. La discesa è possibile lungo lo stesso percorso.Grazie all'esposizione a nord, le condizioni nevose sono molto vantaggiose di solito.

DINAMICITÀ

Divertimento a 360 gradi

Le Corbusier, architetto svizzero-francese, ha descritto una volta le Dolomiti come l'opera architettonica più bella del mondo. Ed in verità, l'erta realtà montana caratterizzata da giochi di colore unici (il roseggiare delle vette alpine) è un'opera d'arte naturale che invita alle attività e a recuperare le forze dalla natura.

GOLF (A 2; D/E 2) | Entrambi i campi da golf a 9 buche di Corvara e Cortina d'Ampezzo permettono di praticare il golf su un altopiano e nell'incantevole scenario delle Dolomiti. Ad un'altezza sul livello del mare di 1.700 m e 1.200 m ci sono le condizioni da golf ideali da giugno ad ottobre. Gioco e relax, sport e natura sono gli ingredienti dell'offerta di questa regione per gli appassionati di golf.

Golf Club Alta Badia
Strada Planac, 9
I-39033 Corvara in Badia
Tel. +39 0471 836655
www.golfaltabadia.it

Golf Cortina
Località Fraina, 14/15
I-32043 Cortina d'Ampezzo
Tel. +39 0436 860952
www.cortinagolf.it

GIRO IN MTB DELL'ALTOPIANO DI PRALONGIA (A/B 1/2) | Diversi percorsi ciclistici conducono all'altopiano di Pralongia: in ogni caso la vista panoramica dei monti dolomitici circostanti vale la pena di questo giro. Il giro a La Villa, presentato in questa documentazione, segue il percorso artistico „Le Tru di artis" a San Cassiano. Alla stazione a valle di Piz Sorega si svolta a destra e si prosegue lungo il percorso 18 e successivamente 24 B in direzione Pra de Störes. Da Ütia Pralongia si prosegue per Ütia Inzija, dove svoltando a destra (sentiero 24) per Rifugio Capanna Nera e si discende verso la strada regionale 244 che conduce a Corvara da dove si torna a La Villa lungo il percorso ciclistico. Il percorso ha una lunghezza di 24,5 km circa ed una durata di 3 ore e ½.

SCI | La stagione sciistica a Cortina d'Ampezzo si estende da novembre ad aprile. Per tutti gli amanti degli sport invernali si raggiungono le discese e le piste all'Eldorado sciistico di Cortina. Questa regione fa parte del grande impianto delle Dolomiti Superski grazie ai tre complessi sciistici di Cortina Cube, Tofana e Lagazuoi – 5 Torri, connessi da un bus, con un totale di 12 regioni ed oltre 1.200 km di piste accessibili con uno ski pass, fra cui gli 85 km circa intorno a Cortina. Grazie a queste caratteristiche l'impianto sciistico è il più grande al mondo. Le piste predisposte ad altissimi livelli, gli skilift moderni e la natura incantevole sono parte integrante di vacanze sugli sci all'insegna del divertimento. Ed anche la disputa dei campionati mondiali di sci alpino del 2021 è un esempio delle grandiose condizioni per gli amanti degli sport invernali.

www.dolomitisuperski.com

LAGO DI MISURINA (F 1) | L'acqua fresca e pulita accoglie gli ospiti al Lago di Misurina che si inserisce in modo pittoresco nella corona delle Dolomiti circostante. Le spiagge a bordo del passaggio consentono di concedersi un bagno rinfrescante. Il lago invita a svolgere tranquille attività per il tempo libero. È perfetto per giri in canoa rilassati o per la pesca. Inoltre, il lago è noto per la sua aria salubre e non per niente in questa zona si trova un centro per l'asma infantile. Il Lago di Misurina è il punto di partenza di numerose passeggiate e scalate. Particolarmente gradevole è il momento in cui il tramonto colora di un incantevole rosso il paesaggio montano intorno al Lago di Misurina.

SCI DI FONDO (D–F 1/2) | I fondisti trovano intorno a Cortina d'Ampezzo tantissimi chilometri di piste. I numerosi impianti per neve artificiale sono una garanzia della disponibilità della neve. In particolare, il passo Tre Croci con il suo impegnativo anello di 10 km è apprezzato tra i professionisti dello sport nordico. Una caratteristica è rappresentata dalla pista „Ferrovia", che con i suoi 23 km lungo il tracciato dismesso della ferrovia delle Dolomiti conduce da Cortina (Fiames Nordic Center) passando per Ospitale e Cimabanche fino a Dobbiaco (le località sono state collegate tra loro per almeno 15 anni) ed è adatta ai fondisti di entrambe le tecniche (classica e pattinaggio). Da Fiames fino a Cimabanche ci sono 23 km lungo il tracciato di media difficoltà. Inoltre a Fiames hanno inizio diversi anelli da sci di fondo di diversi livelli di difficoltà. In questa zona è possibile completare i giri anche di notte con l'illuminazione artificiale.

TENNIS (D 2) | Da maggio a settembre è possibile giocare a tennis allo stadio Apollinio. I 5 campi da tennis (2 di sabbia rossa e 3 con erba sintetica) sono tutelati dal Tennis Country Club Cortina, che offre anche corsi di tennis organizzati da insegnanti certificati a livello statale per principianti, avanzanti e professionisti.

Tel. +39 0436 868486
www.tenniscortina.it

BAMBINI

Dedicato ai piccoli eroi

Le Dolomiti sono un gigantesco parco divertimenti in cui si muovono figure leggendarie ed i bambini possono sfogarsi. Il movimento all'aria aperta non è solo sano, ma consuma tantissime energie. I suggerimenti riportati di seguito non sono indicati per i pantofolai.

PARCHI MOVIMËNT (A 1/2) | Nel „Parco Movimënt" si celano diversi parchi estivi sull'altopiano di Alta Badia a circa 2.000 m sul livello del mare che assicurano a tutta la famiglia momenti di divertimento e moltissime attività. Ad esempio, c'è il parco a Piz La Ila con un laghetto ed una cascata, pareti da scalata, zona slackline e per i più grandi un'area d'allenamento slalom. Al parco Spaghettino Pralongià è disponibile un vermicello per i bambini con cui è possibile scoprire la natura ed in particolare la fauna. Si possono raggiungere entrambi i parchi comodamente con funivia o skilift. Ovviamente anche decine di gradevoli passeggiate conducono ai parchi Movimënt.

Tel. +39 0471 836073
www.moviment-altabadia.de

PASSEGGIATA IN FAMIGLIA (A 1) | Le famiglie trovano un gran numero di possibilità per escursioni in questa regione. Un tracciato didattico ideale conduce „sulle tracce della fauna selvatica" dal rifugio Lee sopra a Badia lungo il sentiero 7A verso il laghetto montano di Lêch dla Lè. Lungo il sentiero ci si imbatte in parecchi animali selvatici, come gufi o orsi, sotto forma di sculture in legno. Alla stazione di risalita di seggiovie di Santa Croce e al rifugio Lee c'è inoltre un gioco a punti da raccogliere lungo il percorso dedicato ai bambini. Come ricompensa per la caccia la tesoro (completata con successo) c'è un premio ricordo alle stazioni d'emissione. Il tragitto è relativamente corto (1 km circa) ed è facilmente affrontabile per tutta la famiglia.

PARCO DIVERTIMENTI TRE CIME (H 2) | Via ai bambini amanti delle scalate! Gli arrampicatori da 3 anni d'età possono davvero sfogarsi al parco divertimenti Tre Cime. Infatti anche per i piccolissimi è disponibile un tracciato giochi in sicurezza. Inoltre, ci sono altri 5 percorsi fino ad un'altezza di 14 m. Dalla piattaforma panoramica a 20 m d'altezza si gode tra l'altro di una straordinaria vista delle Tre Cime. Piccoli, giovani, adulti: per tutta la famiglia c'è sempre un'attrazione in questa struttura spaziando dalla più semplice alla più impegnativa a livello sportivo. Per una maggiore dinamicità è disponibile anche Fun Bob ad Auronzo di Cadore (vedere di seguito).

Tel. +39 0434 581173
www.euro-sporting.it/tre-cime-adventure-park
www.monteagudo.it

FUN BOB (H 2) | Con Fun Bob è possibile compiere una discesa fulminea dal Monte Agudo ad Auronzo di Cadore. La partenza della pista estiva per slittini si trova a 1.361 m dalla stazione montana della seggiovia Taiarezze – Malon dove d'inverno si affollano gli sciatori e d'estate si sfreccia a valle sui prati verdi con curve e svolte ad una velocità massima di 45 km/h. I bambini con meno di 7 anni d'età devono essere accompagnati, mentre possono andare da soli da 8 anni. Il tratto ha una lunghezza di 3 km circa.

www.monteagudo.it

FAMILY ARCHERY PARK (A 2) | Nei mesi estivi le famiglie possono praticare il tiro con l'arco. Presso Family Archery Park di Piz La Ila, facilmente raggiungibile in funivia, si possono noleggiare gli archi. Concentrazione, sensibilità e sicurezza del tiro mettono alla prova grandi e piccini. Per questo raffinato strumento è necessario intuito. In questo caso non si tratta di perfezionare una tecnica specifica. Piuttosto i tiratori d'arco intraprendono un viaggio alla scoperta di istinti antichissimi e primordiali in armonia con la natura.

www.familyarcherypark.com

ZOLDO-PARK (D 4) | A Crep di Pecol nella Val di Zoldo è presente immediatamente a fianco della stazione montana della funivia un immenso parco giochi per bambini da 3 a 12 anni d'età, dotato di gonfiabili, trampolini, pista ad ostacoli, piscina con scivoli, sabbia, ecc. Il parco Zoldo si trova direttamente al rifugio Pian del Crep. Il parco giochi è aperto da luglio a settembre. Mentre i bambini si divertono, i genitori possono rilassarsi nei lettini con ombrellone. Nei mesi invernali il parco Zoldo si trasforma in uno Snow Park a misura di bambino.

NATURA

Dedicato a chi ogni giorno ama scoprire qualcosa di nuovo

Le Dolomiti portano a ragione il titolo di patrimonio universale dell'umanità UNESCO rientrando tra le vette più belle del mondo. Dal 2009, grazie al loro valore geomorfologico e geologico, rappresentano un elemento unico e caratteristico e la loro imponente bellezza è riconosciuta come patrimonio naturale del mondo. Inoltre, a nord e nord-ovest di Cortina d'Ampezzo le due aree del parco naturale delle Dolomiti Ampezzane e del parco naturale Fanes-Senes-Braies sono sottoposte ad una speciale tutela.

RISERVA NATURALE DELLE DOLOMITI AMPEZZANE (B–E 1/2) | La riserva naturale delle Dolomiti Ampezzane confina a nord con Cortina d'Ampezzo. Le „Regole d'Ampezzo", le antiche norme amministrative, hanno conservato la bellezza naturale di questa regione contribuendo nell'arco dei secoli alla preservazione della biodiversità. Ancora oggi, l'area è tutelata da zona residenziale e dall'insediamento turistico. Flora e fauna, acque e paludi, pascoli e boschi d'alta quota compongono la ricchezza di questo parco. I visitatori possono scoprire a piedi la riserva naturale dove è anche possibile accedere ad alcune vie ferrate.

www.dolomitiparco.com

IMPRONTE DEI DINOSAURI (D 3) | Il fatto che in questa zona una volta ci fossero condizioni tropicali e i dinosauri andassero alla ricerca di cibo ai bordi del mare sembra piuttosto una finzione cinematografica. 220 milioni di anni fa accadeva tutto questo ai piedi di Pelmetto. Durante le loro ricerche i dinosauri hanno lasciato tracce che ancora oggi è possibile osservare sotto forma di impronte. Dal passo Staulanza una breve passeggia conduce al sentiero d'alta montagna 1 o al sentiero 472 dove è possibile farsi un'idea di questo avvenimento. Il sentiero è ripido nell'ultima parte e passa per un'area ghiaiosa sdrucciolevole per una durata complessiva di 1 ora circa.

BOSCO DI SOMADIDA (F/G 2) | A volte si dice che „...l'albero nasconde il bosco". Nel bosco di Somadida, una riserva naturale tra Auronzo di Cadore e Misurina, si trova in effetti un bosco ricco di abeti, larici, faggi ed altri alberi senza paragoni. Questo bosco è uno dei più belli nelle Dolomiti ed è posto sotto tutela dal XV secolo, cioè sin dai tempi della Repubblica Veneta che sfruttava i lunghi fusti per la realizzazione della flotta navale. I numerosi ed accoglienti sentieri per passeggiate attraversano il bosco. In questo favoloso bosco anche camosci, caprioli, gufi, fagiani e simili si sentono perfettamente a casa propria.

LAGO DEL SORAPIS (E/F 2) | Il Lago del Sorapis blu turchese e lattiginoso è fra i laghi montani più spettacoli delle Dolomiti. Il percorso per raggiungerlo è complesso, ma la visione incantevole di questo gioiello della natura vale la pena. Il punto di partenza è il Rifugio Faloria, raggiungibile con la funivia di Cortina d'Ampezzo. Lungo il sentiero 213+216 si procede per Forcella Marcoira e il Lago del Sorapis, incastonato nel frastagliato massiccio montano del gruppo Sorapis. Il ritorno è possibile lungo il sentiero 215 in direzione del passo Tre Croci. La durata è di 6 ore. Suggerimento: è possibile fare una sosta e pernottare al Rifugio Vandelli al Sorapis dividendo il tragitto a metà. In alternativa si può scegliere come punto di partenza del giro il Passo Tre Croci.

LAGO DI LIMIDES (C 2) | Sopra al Passo Falzarego si trova il Lago di Limides, un meraviglioso lago montano in cui si specchia il territorio circostante ed è facilmente raggiungibile. Dall'altura del passo (con parcheggio disponibile) si segue il sentiero 441 o il sentiero d'alta montagna 1 in salita attraverso i prati. Ad un incrocio, che indica la strada per Croda Negra, ci si tiene sulla sinistra e si raggiunge in breve il Lago di Limides. È soprattutto impressionante per il panorama di Tofana de Rozes. La passeggiata è adatta anche alle famiglie con bambini. Negli anni molto secchi può tuttavia capitare che l'acqua del lago scarseggi. In alternativa si può fare ritorno anche con il sentiero 419 verso Rifugio Col Gallina.

LAGAZUOI – 5 TORRI, SCENARI DELLA I GUERRA MONDIALE (B/C 2) | La regione di Lagazuoi – 5 Torri è stata duramente contesa durante la I Guerra Mondiale. Le truppe alpine italiane ed austriache si sono fronteggiate al fronte delle Dolomiti in quest'area. Le posizioni delle truppe sono state recentemente ristrutturate ed oggi fanno parte di un grande museo all'aperto con diverse località: è possibile raggiungere il museo di Lagazuoi / Lagació, il museo 5 Torri e il museo di Sas de Stria dopo aver completato delle passeggiate più o meno impegnative. Al passo di Valparola il museo Forte Tre Sassi offre informazioni sulla storia della Prima Guerra Mondiale al fronte delle Dolomiti.

MALTEMPO

Per alternative di intrattenimento

Grazie a questo programma per il maltempo ci dovrebbe essere un'opzione per tutti i gusti: interessi scientifico-naturali e teologici, affinità artistiche, amanti della cultura e fan dello shopping. C'è di tutto: dal semplice museo fino alla via del passeggio della High Society.

MESSNER MOUNTAIN MUSEUM DOLOMITES (F 4) | Reinhold Messner, il famoso scalatore altoatesino ha dedicato alla sua passione per le montagne un progetto museale con sei sedi, fra cui MMM al Monte Rite (2.181 m). Il museo nell'antico fortino è all'insegna dell'argomento „rocce". Il cuore dell'esposizione è rappresentato da una galleria con le immagini delle Dolomite dal Romanticismo ad oggi, che è interrotta dalle viste spettacolari dell'ambiente montano circostante. I visitatori vengono a conoscenza di aspetti entusiasmanti sulla storia della conquista delle Dolomiti e dei ricercatori e scalatori che per primi esplorarono questo imponente paesaggio montano. MMM è aperto da giugno a settembre.

www.messner-mountain-museum.it

MUSEO PALEONTOLOGICO RINALDO ZARDINI (D 2) | Nel museo paleontologico di Cortina d'Ampezzo sono raccolti 200 milioni di anni di geologia. Questa collezione unica di fossili, minerali e rocce, fra cui megalodonti, coralli e spugne, si deve all'amore per la ricerca di Rinaldo Zardini, naturalista di Cortina d'Ampezzo. Mostrano la movimentata storia geologica di questo paesaggio che una volta era ricoperto dal mare tropicale e ha formato il paesaggio montano odierno solo successivamente in seguito al processo di innalzamento ed increspatura.

Tel. +39 0436 2206
www.musei.regole.it

MUSEO D'ARTE MODERNA „MARIO RIMOLDI" (D 2) | Al centro del cuore pulsante di Cortina d'Ampezzo, lungo Corso Italia, si trova il museo d'arte moderna che espone le sculture e i dipinti degli artisti italiani più significativi dal XX secolo principalmente dalla collezione „Mario Rimoldi". Tra le opere esposte si trovano artisti come De Pisis, De Chirico, Carrà, Depero, Rotella, Sironi e Campigli.

Tel. +39 0436 2206
www.musei.regole.it

MUSEO DEI PAPI (I 3) | Il Papa Giovanni Paolo II si recava ripetutamente al pittoresco villaggio di montagna di Lorenzago di Cadore durante il suo soggiorno estivo e anche Benedetto XVI ha trascorso diverse settimane del 2007 in quest'area. In memoria delle visite papali, nel 2005 è stato inaugurato il museo dei Papi nell'edificio storico della canonica. L'esposizione è prevalentemente formata da fotografie dei Papi, ma mostra anche oggetti papali, come il pianeta con gli stemmi papali, calzature in pelle, bastoni da passeggio e una panchina da parco su cui Karol Wojtyla si riposava durante le passeggiate. Sulle tracce del Papa, il Sentiero del Papa conduce tra l'altro a sud-ovest di Lorenzago di Cadore.

www.museodelpapa.it

MUSEO ETNOGRAFICO „REGOLE D'AMPEZZO" (D 2) | Il museo etnografico di Cortina d'Ampezzo trasporta in un'altra epoca. In quest'area riprendono vita la storia e la tradizione del luogo e viene esposta la vita agricola e domestica della valle d'Ampezzo con usi e costumi religiosi e l'artigianato artistico. Inoltre, il museo offre antichi strumenti della cultura locale contadina, silvestre e pastorizia e gli utensili di casa, le opere artistiche, i gioielli in filigrana, gli oggetti sacri e i costumi tradizionali della regione.

Tel. +39 0436 2206
www.musei.regole.it

CORSO ITALIA | Con un soggiorno a Cortina d'Ampezzo è obbligatorio un passeggio sul Corso Italia, il cuore della località montana. L'elegante via del passeggio è il punto centrale della vita sociale e il punto d'incontro della high society. È questo il posto giusto per i fan dello shopping. Lungo questo corso modano si trovano negozi di diversi designer di moda, gioiellerie ed antichità, ecc. Inoltre, i bar di tendenza, i caffè e le pasticcerie invitano ad una sosta e ad osservare la vita lungo il corso. Tra l'altro la parrocchia dei SS. Filippo e Giacomo con il caratteristico campanile con il suo tetto verde si affaccia sul corso Italia. È stata dichiarata „Basilica minore" nel 2011.

CAMMINATA 1

BADIA – HEILIGKREUZ – PRATI DI ARMENTARA

1

Passaggio per un variopinto mare di fiori

9,2 km 2:30 h 108 m 820 m

Questo percorso è disponibile nel riquadro A 1.

PARTENZA | Badia, seggiovia di S. Croce / La Crusc (1.327 m)
CARATTERISTICHE | Passeggiata semplice lungo salite e mulattiere per cui la salita viene facilitata dal servizio skilift

▶ Entrambi gli skilift conducono comodamente i visitatori al punto di partenza di questo percorso a La Crusc / Santa Croce a 2.043 m s.l.m. Al di sotto di Monte Cavallo, le cui pareti si stagliano verticali verso il cielo, risplende la chiesetta di Santa Croce, un luogo di pellegrinaggio storico a cui fare ancora visita.Per recuperare le forze prima delle imprese, è possibile concedersi un Kaiserschmarren al rifugio La Crusc nelle vicinanze.

A questo punto si parte. Il punto di partenza della passeggiata è al di sopra della chiesa. Passando per alcune stazioni della via crucis si segue il sentiero 15 in direzione nord e si attraversano prati umidi e magri. Al bivio si prende il sentiero a sinistra (15A) che

La chiesetta di Santa Croce.

In primavera i prati di Armentara sono tutto un fiore.

porta ad una strada forestale su cui si prosegue seguendo sempre l'indicazione 15A. I prati montani ricoperti di fiori mostrano il loro lato più affascinante in primavera.

Al bivio successivo si svolta a sinistra e si segue la segnaletica per Badia „Roda de Armentara". Il percorso sterrato sale in altitudine e si raggiunge Ranch de Andrè per uno spuntino.

Proseguendo ancora in salita l'altopiano i visitatori trovano Prè Comun, caratterizzato da diverse colorazioni a seconda delle stagioni in cui fioriscono gli anemoni o le genziane.

A questo punto si discende nella conca di Valacia in cui si trova un piccolo stagno paludoso. In primavera le rane e i rospi depongono le uova e in estate ci si imbatte nelle salamandre acquaiole di montagna presso lo stagno.

Si prosegue la discesa al maso di Valgiarëi dove si svolta a sinistra seguendo la segnaletica per Badia „Roda de Armentara". Si susseguono i masi di Ćialaruns e Ruac. Dopo 2 ore e ½ circa a piedi si raggiunge il punto di partenza del giro presso la stazione a valle della seggiovia a Badia.

Uno spettacolo particolarmente impressionante va in scena soprattutto di sera quando il gioco di luci al tramonto (enrosadira) tinge di rosso le vette delle Dolomiti.

CAMMINATA 2

FORCELA DL LÊCH – LÊCH DE LAGACIÓ

2

La forcella frastagliata e il tranquillo lago montano

10 km 4:00 h 799 m 799 m

Questo percorso è disponibile nel riquadro B 2.

PARTENZA | Parcheggio a Capanna Alpina, San Cassiano (1.729 m)
CARATTERISTICHE | Passeggiata lungo tratti facilmente percorribili, ma in parte con ripide salite

La passeggiata si svolge nel parco naturale di Fanes-Sennes-Prags con viste impressionanti, ed in particolare della Forcela dl Lêch.

▶ Questo giro montano è vario e ha come punto di partenza Capanna Alpina, raggiungibile sia in automobile che con il bus di linea per Sciaré. Dal parcheggio si segue il sentiero 11 in

Il rifugio Scotoni invita a concedersi una pausa.

Il lago Lagazuoi è una delle attrattive di questo giro.

direzione est. Innanzitutto il percorso è pianeggiante, ma poi sale a Col de Loćia a 2.069 m s.l.m. La vegetazione è caratterizzata lungo il percorso a valle da pini montani prima di raggiungere L' Gran Plan, un'ampia zona pianeggiante.

All'incrocio si svolta a destra e si segue il sentiero 20B in direzione sud. Con una salita continua porta alla Forcela dl Lêch (Forcela del Lago) (2.475 m).

Da questa altitudine caratterizzata da una grandiosa vista si discende a Lago de Lagazuoi (Lêch de Lagació) lungo un sentiero ripido, ma ben battuto. Ai piedi di Cima Scotoni, il lago è caratterizzato da colori blu-verde brillanti e crea un forte contrasto con il paesaggio roccioso grigio. Il laghetto è tutelato come una bellezza naturale.

Al bivio successivo, si prende nuovamente il sentiero 20 che conduce a Ütia Scotoni attraverso le pinete ed una gola. In questa zona, il meraviglioso ambiente naturale e le tradizionali prelibatezze dell'Alto Adige invitano a concedersi una sosta.

Da questo punto inizia il ritorno procedendo verso nord lungo un tracciato ripido in discesa dove gli sciatori prendono lo slancio in inverno. Dopo una camminata di 4 ore si raggiunge nuovamente Capanna Alpina, il punto di partenza. In questa struttura è possibile recuperare le forze e rinfrescarsi prima di rincasare.

Dal rifugio si esce anche dal parco naturale di Fanes-Senes-Braies, una delle aree protette più vaste dell'Alto Adige.

ACTION

For those looking for adventure

The author, actor and comedian George Carlin once mused: „Life is not measured by the breaths you take, but by the moments that take your breath away." The mere sight of the Dolomites, and of the Tre Cime di Lavaredo in particular, is truly breathtaking. And anyone who tries one of the following tips for adventure-seekers is sure to be utterly smitten. George Carlin would undoubtedly have been thrilled by Cortina d'Ampezzo.

MOUNTAIN BIKING (A–C 1/2| The South Tyrolean Dolomites are especially popular with bikers from June to September but the region's often spectacular MTB trails are also great in the quieter early and late seasons (May and October). A demanding tour leads from Corvara to La Villa and then right through San Cassiano and Armentarola on to the Valparola alpine pasture. On the old pass road you reach the interesting Museum of the First World War. A challenging single trail leads to the Passo Falzarego. Here you continue up to the Col Gallina, from where the return ride starts. The route is 41 km long and there is an altitude difference of more than 1,100 metres to tackle.

CLIMBING (D 1) | The peaks, towers and spires of the Dolomites make the region a mecca for climbers, and there are also via ferrata and climbing gardens for all ability levels. A particularly popular via ferrata is the Via Ferrata Albino Michielli Strobel on the Punta Fiames. The starting point is the Hotel Fiames, from where a well-marked path leads to the bottom of the via ferrata. This crosses the west face, with steel cables later securing the route and ladders and steps leading up to the summit of the Punta Fiames. The descent is in a north-east direction to the Pomagagnon wind gap, where it is easy to climb down. At the bottom it doesn't take long to find the signs and get back to Fiames again.

SNOWKITING (C 2/3) | When the snow envelops the landscape in a glittering white blanket and the wind picks up, it's time for snowkiting again. From December to April, the Passo Giau at an altitude of 2,236 m is the perfect place to head for with skis or snowboard and a kite. Here extensive flat areas alternate with rises and dips. Kite-4Freedom offers individual courses and kites, belts and protective equipment for hire. Participants must be at least 15 years old and the appropriate weather conditions are required.

www.kite4freedom.it

TRAIL RUNNING (C 2/3) | The Nuvolau trail run is among the most popular around Cortina d'Ampezzo. And anyone who runs it knows why. For landscape-wise this is undoubtedly one of the most impressive tours. Runners start at the Passo Giau. From here trail no. 443 leads northwards towards Cinque Torri. At the fork at the Rifugio Cinque Torri turn left and follow trail no. 439 towards Forcella Nuvolau. At the junction at the Rifugio Averau take trail no. 441 and then trail no. 463 to the Rifugio Fedare. From here continue up to the starting point on the Passo Giau. This intermediate trail running route is 10.7 km in length.

CORTINA ADRENALIN CENTER (D 2) | An adventure playground awaits thrill-seekers in Cortina. Here a high-ropes course has been created at the heart of a larch forest. The course incorporates slides, ladders, suspension bridges, nets and cable winches. Strong nerves, courage and agility are required. There are 15 courses in total, ranging from simple (for kids) to very difficult. The Cortina Adrenalin Center also offers a range of other activities including canyoning.

Località Sopiazes
I-32043 Cortina d'Ampezzo
Tel. +39 335 815 5177
www.adrenalincenter.it

SKI TOUR MONTE MONDEVAL (C/D 3) | Mount Mondeval (2,455 m) is easy to reach thanks to the high departure point. For a ski tour the best place to start is around 2 km east of Pescul. Here a forest road initially leads upwards, with signs indicating the way to the Malga Mondeval hut. After the Malga Mondeval di Sotto the trail continues to the Malga Mondeval di Sopra, from where we work our way from the northeast to the summit. The panoramic view from Monte Mondeval is fabulous. The descent is on the same trail. Due to the northerly aspect snow conditions are generally good here.

ACTIVE

For recreational fun

The Swiss-French architect Le Corbusier once described the Dolomites as the most beautiful architecture in the world. And these rugged mountains with their unique interplays of colours (look out for the alpenglow) are a natural artwork that tempt the visitor to get active and recharge their batteries from their surroundings.

GOLF (A 2; D/E 2) | The two 9-hole courses in Corvara and Cortina d'Ampezzo offer a great opportunity to play golf in great conditions against the idyllic backdrop of the Dolomites. At respective elevations of 1,700 m and 1,200 m, the conditions for golf are ideal from June to October. Golf enthusiasts can look forward to swinging their clubs and winding down in a stunning natural setting.

Golf Club Alta Badia
Strada Planac, 9
I-39033 Corvara in Badia
Tel. +39 0471 836655
www.golfaltabadia.it

Golf Cortina
Località Fraina, 14/15
I-32043 Cortina d'Ampezzo
Tel. +39 0436 860952
www.cortinagolf.it

MTB TOUR PRALONGIA PLATEAU (A/B 1/2) | There are several cycling routes on the Pralongia Plateau which offer the incentive of stunning views of the surrounding Dolomites. We start the tour showcased here in La Villa, following the „Le Tru di artis" artist trail to San Cassiano. At the Piz Sorega valley station, the route continues right along trail no. 18 and then trail 24 B towards Pra de Störes. From the Ütia Pralongia hut we continue to the Ütia Inzija, where we turn right (trail no. 24) to the Negerhütte hut and descend to state road 244, which takes us to Corvara. From here we cycle back to La Villa. This approximately 24.5-km route takes around 3 ½ hours to complete.

SKIING | The ski season in Cortina d'Ampezzo lasts from November until April. It's a time when all winter sports fans can enjoy what the ski mecca of Cortina has to offer. With the three ski areas of Cortina Cube, Tofana and Lagazuoi – 5 Torri, which are linked by a free ski bus, the region is part of the Dolomiti Superski carousel with a total of 12 regions and over 1,200 km of pistes which can be accessed with a ski pass, including 85 km around Cortina. This makes the ski carousel the world's largest ski area. With superbly groomed pistes, modern lifts and idyllic scenery, a fabulous ski holiday is assured. And its choice as the venue for the Alpine World Ski Championships 2021 highlights the great conditions for winter sports fans.

www.dolomitisuperski.com

LAGO DI MISURINA (F 1) | Guests can look forward to enjoying the fresh, clear water of Lago di Misurina, set against the stunning backdrop of the Dolomites. The lakeside beaches are perfect spots from which to take a dip. It is possible to pursue a range of activities on Lake Misurina, including fishing and canoeing. The lake is also renowned for its bracing air and hosts a children's asthma centre. Lago di Misurina is the starting point for numerous hikes and climbing tours. It's especially lovely when the setting sun bathes the mountains around the lake in an enchanting red.

CROSS-COUNTRY (D–F 1/2) | Cross-country enthusiasts will find countless kilometres of trails around Cortina d'Ampezzo. An abundance of snowmaking equipment guarantees snow. The Tre Croci Pass with its demanding 10-km trail is popular with Nordic skiing pros. A unique attraction is the „Ferrovia" trail, which runs for 23 km along the former route of the Dolomites Railway from Cortina (Fiames Nordic Center) via Ospitale and Cimabanche to Toblach and is suitable for practitioners of classic cross-country and skating. From Fiames to Cimabanche the intermediate trail is 23 km in length. Fiames is also the starting point for several circular trails of various difficulty levels. It's also possible to ski under floodlights at night here.

TENNIS (D 2) | From May to September it's possible to play tennis in the Apollinio Stadium. The five courts (two with red sand and three with artificial grass) are managed by the Cortina Tennis Country Club, which also offers courses by state-certified instructors for beginners, advanced players and pros.

Tel. +39 0436 868486
www.tenniscortina.it

KIDS

For little heroes

The Dolomites are a huge adventure playground where legends abound and children can have a whale of a time. Activities in the fresh air are not only healthy but also wonderfully tiring. So the following tips are definitely not for couch potatoes.

MOVIMËNT PARKS (A 1/2) | There are several „Movimënt“ summer parks on the plateau in Alta Badia at an altitude of around 2,000 m where all the family can take part in a host of activities and have a great time. The park on the Piz La Ila, for example, boasts a small lake and waterfall, climbing walls, a slackline zone and a slalom training area for older visitors. Meanwhile, in Spaghettino Park in the Pralongià area a little worm introduces kids to the flora and fauna of the Dolomites. Both parks can easily be reached by cable car or lift. Naturally a large number of pleasant trails also lead to the Movimënt Parks.

Tel. +39 0471 836073
www.moviment-altabadia.de

FAMILY HIKE (A 1) | Families can enjoy an abundance of pleasant hikes in the region. A great educational trail leads „In the Footsteps of Wild Animals“ from the Lee hut above Badia on trail no. 7A to the Lêch dla Lè, a small mountain lake. En route you will encounter all kinds of wild animal sculptures carved from wood, including an owl and a bear. At the Santa Croce chairlift station and in the Lee hut you can also pick up a stamping card with a collecting game that children can play as they walk. Successful treasure hunters will be rewarded with a small prize as a memento. The route is only around 1 km long and can easily be tackled by the whole family.

TRE CIME ADVENTURE PARK (H 2) | Children over the age of three who love to climb will be in their element in the Tre Cime Adventure Park. There is a suitable play course even for the tiniest tots here and also five more courses up to 14 m in height. From the platform 20 metres above ground level there is a fabulous view of the Three Peaks of Lavaredo. Small children, teenagers, adults – there really is something for the whole family here, from easy to challenging. And those in search of even more action can try out the Fun Bob in Auronzo di Cadore (see below).

Tel. +39 0434 581173
www.euro-sporting.it/tre-cime-adventure-park
www.monteagudo.it

FUN BOB (H 2) | You can enjoy a thrilling descent from Monte Agudo near Auronzo di Cadore on the Fun Bob. This summer toboggan run starts at an elevation of 1,361 m from the mountain station of the Taiarezze – Malon chairlift. Here, where skiers race down the slope in winter, summer tobogganists can hurtle down the green mountainside, negotiating bends and curves, into the valley at speeds of up to 45 km/h. Children can ride alone over the age of eight and must be accompanied if they are younger. The run is around 3 km long.

www.monteagudo.it

FAMILY ARCHERY PARK (A 2) | Over the summer families can try out archery. At the Family Archery Park on the Piz La Ila, which can easily be reached by cable car, bows are available for hire. Children and adults alike must demonstrate concentration, sensitivity and a good aim. With this sophisticated piece of equipment intuition is required. Rather than perfecting a special technique, the archer embarks on a journey to discover age-old human instincts in harmony with nature.

www.familyarcherypark.com

ZOLDO PARK (D 4) | Alongside the cable car mountain station on the Crep di Pecol in the Val di Zoldo is a huge adventure playground for children from 3 to 12 years old with bouncy castles, trampolines, an obstacle course, a pool with slides, a sandy beach area and much more. The Zoldo Park is next to the Rifugio Pian del Crep. This playground is open from July to September. And while kids are having a whale of a time, parents can relax on loungers with parasols. Over the winter months Zoldo Park becomes a child-friendly snow park.

NATURE

For fascinating discoveries

The Dolomites have justifiably been designated a UNESCO World Heritage site as one of the world's loveliest mountain ranges. They were awarded this accolade in 2009 in recognition of their geomorphological and geological value, their uniqueness and their impressive beauty. In addition, the Ampezzo Dolomites Nature Park and Fanes-Senes-Braies Nature Park north and north-west of Cortina d'Ampezzo respectively have also been awarded protected status.

AMPEZZO DOLOMITES NATURE PARK (B–E 1/2) | The Ampezzo Dolomites Nature Park borders Cortina d'Ampezzo to the north. The „Regole d'Ampezzo" – ancient rules governing collective ownership – have preserved the natural beauty of this region and helped to maintain biodiversity over the centuries. And today the area is still protected from settlement and the impact of tourism. The wealth of this park includes its flora and fauna, waterways, grassland and high mountain forests. Hikers can explore this lovely nature park on foot and there are also several via ferrata to scale.

www.dolomitiparco.com

DINOSAUR FOOTPRINTS (D 3) | That conditions were once tropical here, with dinosaurs hunting for food on the sea shore, sounds more like the plot of an action film. But in fact this was exactly the situation at the foot of the Pelmetto 220 million years ago. And these hunting dinosaurs left traces that can still be seen today in the form of footprints in the rocks. From the Staulanza Pass a short hike leads to high trail no. 1 or trail no. 472, where you can see these impressions. The last section of the path is very steep and over slippery pebbles. Hiking time around 1 hour.

SOMADIDA FOREST (F/G 2) | „You can't see the wood for the trees" is a popular expression. The Somadida Forest, a nature reserve between Auronzo di Cadore und Misurina, is a forest abundant in fir, larch, beech and other types of tree of unparalleled beauty. This forest, among the loveliest in the Dolomites, has been protected since the 15th century when it was managed by the Republic of Venice. The Venetians used long trunks from the trees to build their fleet. The forest is traversed by numerous pleasant hiking and walking trails. This idyllic woodland is also home to chamois, deer, owls, black grouse and other species.

LAGO DI LIMIDES (C 2) | Above the Passo Falzarego is the Lago di Limides, a lovely and easily accessible mountain lake in which the surrounding mountain scenery is reflected. From the pass (parking facilities) we take trail no. 441 or high trail no. 1 up through meadows. At a junction with a sign for the trail to the Croda Negra we keep bearing left and a short while later reach the Lago di Limides. Most impressive of all is the panoramic view of the Tofana de Rozes. This hike is also suitable for families with children. In very dry years, however, the water level of the lake can drop dramatically. It is also possible to return via trail no. 419 to the Rifugio Col Gallina.

LAGO DEL SORAPIS (E/F 2) | The cloudy, turquoise-blue Lago del Sorapis is among the most spectacular mountain lakes in the Dolomites. The hike to the lake is tough but the effort is rewarded with the magical appearance of this natural jewel. The starting point is the Rifugio Faloria hut, which can be reached by cable car from Cortina d'Ampezzo. Trail no. 213+216 leads to the Forcella Marcoira and Lago del Sorapis, which is nestled amid the rugged Sorapis group of mountains. The return hike is via trail no. 215 towards the Tre Croci Pass. Length: 6 hrs. Tip: It's possible to spend the night at the Rifugio Vandelli al Sorapis hut, halving the length of the hike. Alternatively, the Passo Tre Croci can be chosen as the starting point.

LAGAZUOI – 5 TORRI, A FIRST WORLD WAR BATTLEGROUND (B/C 2) | The Lagazuoi – 5 Torri area saw fierce fighting in the First World War. Italian and Austrian alpine troops faced one another here on the Dolomites front. In recent years the troops' positions have been restored and today they form part of a large open-air museum with several sites: the Lagazuoi Museum, the 5 Torri Museum and the Sas de Stria Museum, all of which can be visited on hikes of various difficulty levels. On the Valparola Pass the Forte Tre Sassi Museum sheds light on the history of the First World War on the Dolomites Front.

RAINY DAYS

For indoor adventures

This rainy day programme caters for every taste: for those with an interest in science and theology, art fans, culture vultures and shopping queens. From simple museums to a high society promenade, all bases are covered.

MESSNER MOUNTAIN MUSEUM DOLOMITES (F 4) | The renowned South Tyrolean extreme mountaineer Reinhold Messner has expressed his passion for the mountains with a museum project with six sites, including the MMM on Monte Rite (2,181 m). The theme of the museum in the old fort is „rock“. The heart of the museum is a large gallery housing a collection of unique paintings of the Dolomites, from the Romantic period to the present day, interrupted by stunning views of the mountains. The museum illustrates the process of the conquest of the Dolomites and introduces the researchers and mountaineers who first explored this mighty alpine landscape. The MMM is open from June to September.

www.messner-mountain-museum.it

RINALDO ZARDINI PALEONTOLOGICAL MUSEUM (D 2) | The Paleontological Museum in Cortina d'Ampezzo covers 200 million years of geological history. This unique collection of fossils, minerals and rocks from the Dolomites region including megalodonts, corals and sponges was collected by the Ampezzan researcher Rinaldo Zardini. They bear witness to the geological evolution of the Ampezzo valley, which was once covered by a vast expanse of tropical sea water and later evolved into a mountain landscape as a result of elevation and plication.

Tel. +39 0436 2206
www.musei.regole.it

MARIO RIMOLDI MODERN ART MUSEUM (D 2) | At the beating heart of Cortina d'Ampezzo, on the Corso Italia, is the Modern Art Museum, which houses sculptures and paintings by the leading Italian artists of the 20th century. These are largely from the „Mario Rimoldi" collection. Artists whose works are displayed include De Pisis, De Chirico, Carrà, Depero, Rotella, Sironi and Campigli.

Tel. +39 0436 2206
www.musei.regole.it

POPES MUSEUM (I 3) | Pope John Paul II visited the picturesque mountain village several times during his summer holiday and Benedict XVI also spent several weeks here in 2007. The Popes Museum was opened in 2005 in the historical rectory in commemoration of the papal visits. The exhibition mainly comprises photographs of the popes together but also displayed are papal objects such as a tunicle with the papal coat of arms, leather shoes, walking sticks and a park bench on which Karol Wojtyla rested during a hike. You can also follow in the footsteps of Pope John Paul II on the Path of the Pope south-west of Lorenzago di Cadore.

www.museodelpapa.it

REGOLE D'AMPEZZO ETHNOGRAPHIC MUSEUM (D 2) | The Ethnographic Museum in Cortina d'Ampezzo transports visitors back in time, breathing fresh life into the history and traditions of the area and illustrating agricultural and domestic life in the Ampezzo Valley, with a section devoted to religious customs and crafts. In addition, the museum displays tools used in the management of forests and pastureland, household tools, art objects, filigree jewels, sacred objects and traditional costumes.

Tel. +39 0436 2206
www.musei.regole.it

CORSO ITALIA | Anyone holidaying in Cortina d'Ampezzo is sure to take a stroll on the Corso Italia. It is the heart of this mountain town. This elegant promenade is a social hub and a meeting place for high society. Anyone who likes to shop will be in their element. Lining the chic Corso are fashion boutiques, jewellery and antique shops and many other attractive retail outlets. There are also trendy bars, cafés and patisseries where you can linger awhile and observe life on the Corso. Also overlooking the Corso Italia is the parish church of St. Philip and St. James with its distinctive clock tower and green roof. It was declared a Basilica Minore in 2011.

HIKING TOUR 1

BADIA – HEILIGKREUZ – ARMENTARA MEADOWS

1

Through a lovely sea of flowers

9.2 km 02:30 h 108 m 820 m

This tour can be found on grid square A 1

START | Badia, S. Croce/La Crusc chairlift (1,327 m).
CHARACTERISATION | An undemanding walk on trails and bridle paths, with the ascent made easier by lifts.

The two chairlifts whisk hikers up to the start of this hike to La Crusc/Heiligkreuz at an altitude of 2,043 m. Beneath the Heiligkreuzkofel, whose sheer rock faces soar dramatically into the sky, is the gleaming white Church of the Holy Cross, a historical place of pilgrimage which definitely merits a visit. Anyone in need of sustenance can tuck into *kaiserschmarren* at the La Crusc hut next door.

But now it's time for the ascent. We start our hike above the church. Passing several stations of the cross, we follow trail no. 15 north, crossing rough pasture and marshland. At a fork we take the path on the left (no. 15A). This takes us on a forest road which we continue along (still no. 15A). The

The Church of the Holy Cross.

The Armentara meadows are in full bloom in spring.

flower-blanketed mountain meadows are at their most spectacular in spring.

At the next fork we turn left and follow the signs for Badia „Roda de Armentara". This gravel path starts to ascend and we reach the Ranch de Andrè hut.

A little further up we reach the Prè Comun plateau which changes colour over the course of the year. The blooms to be admired, depending on the season, include anemones and gentians.

Now we descend to the Valacia hollow where we find a boggy pond teeming with life. In spring frogs and toads spawn here while in summer it is home to alpine newts.

We now continue on our way down to the Valgiarëi farmstead, where we turn left and follow the signs for Badia „Roda de Armentara". Next, we pass the Ćialaruns and Ruac farmsteads. After hiking for around 2 ½ hours we reach the starting point of our tour at the chairlift valley station in Badia.

The evening of a fine day is an especially good time to be here, when the setting sun causes the peaks of the Dolomites to glow (a phenomenon known as alpenglow).

HIKING TOUR 2

FORCELA DL LECH – LECH DE LAGACIO

A rugged wind gap and a tranquil mountain lake

10 km | 04:00 h | 799 m | 799 m

This tour can be found on grid square B 2.

START | Car park of the Capanna Alpina lodge, San Cassiano (1,729 m).
CHARACTERISATION | A hike on easily negotiable but sometimes steep trails.

A hike in the Fanes-Senes-Braies Nature Park with impressive views, in particular of the Forcela dl Lêch wind gap.

This varied mountain tour starts at the Capanna Alpina, which can be reached by car and the local bus to Sciaré. From the car park we take trail umber 11 eastwards. This trail is initially flat before climbing to the Col de Loćia at an altitude of 2,069 m.

The Scotoni hut is a perfect place to rest.

Lake Lagazuoi is a highlight of this tour.

On our way into the valley there is an abundance of mountain pine before we reach the L' Gran Plan plateau.

At the junction we turn right and take trail no. 20B southwards. This steadily ascends to the Forcela dl Lêch wind gap (Forcela del Lago) (2,475 m).

From this lofty vantage point with a fabulous view we continue on a steep but well-built path downhill to the Lêch de Lagació (Lago de Lagazuoi). It lies at the foot of the Cima Scotoni, shimmering blue-green and in marked contrast with the grey rocky landscape. This small lake is protected as a natural monument.

At the next fork we again take trail no. 20, which leads through expanses of mountain pine and a ravine to the Ütia Scotoni hut. Here we can savour a glorious natural backdrop and traditional South Tyrolean delicacies.

From here we continue north down the steep meandering trail on a route used by skiers in winter. After around four hours we reach our starting point, the Capanna Alpina lodge, again. Here we can refuel again before setting off for home.

Right by the hut we leave the Fanes-Senes-Braies Nature Park, one of the largest protected areas in South Tyrol.

Schwabenalm
Alpe di Rimbon
Rif.
D O L O M
2000
1800
Zirmboden
102
03
10
DUG
Val Rinbon
Jagdhütte
102
DUG
Schwarze Rienz
Rienza Nera
Valle della Rienza
SI
105
4
Lar
Scoglio di San Marco
2005
Langalm
M.ga Grava Longia
2235
Col Forcellina
2232
Rienz-Ursprung
2264
Katzenleitenkopf
Croda de l'Arghena
108
Val de Rinbianco
R. de Rinbianco
2252
Forc. de
l'Arghena
2087
2200
4
Drei Z
Tre Cime d
Col di Mezzo
2254
SI
Torre Lavaredo
2736
2536
Westl. Z.
Occid. le
2973
Forcella Col di Mezzo
Col de Mezo
2324
Zinnenkopf
Sasso di Landro
108
105
D I S
Monte de Inze
4
101
Monte
de Fora
2221
Auronzohütte
Rif. Auronzo
2320
SI
103
Val de L'Aga
108A
101
2285
Forc. Lo
Val del Cadin di Longeres
Rist. M.ga
Rinbianco
1841
101
Col de le Bisse
2280
122
Col de le Saline
1955
4
9
111
Forc. Basa
1880
C. Ciadin de le Bisse
2356
Sentiero
Alberto Bona
119
122
C. Ciadin de Rinbianco
2402
Mautstelle
Posto di pedaggio
Val de
SI
101

0 250 500m
Maßstab 1:30 000
Toblinger Riedl
Forc. di Toblin
2335
Bödenseen
L.dei Piani
Bödenalpe
Alpe dei Piani
Altensteiner Tal
Oberbachernspitzen
Crode Fiscaline
2675
Westl.
2635
2539
2405
2348
Frankfurter Würstl
Innerkofler-De Luca-Klettersteig
Bülleljochhütte
Rif. Pian di Cengia
2528
Paternkofel
M. Paterno
2744
Gamsscharte
Scharten-steig
Passportensteig
Büllelejoch
Forc. Pian di Cengia
2522
Oberbachernjoch
P.so Fiscalino
2519
Forc. dei Laghi
2379
Passportenscharte
Forc. Passaporto
Passportenkofel
Croda Passaporto
2701
L. d. Cengia
Paternsattel
Forc. Lavaredo
2454
Laghi di Lavaredo
M.Cengia
2559
Kleine Z.
Picc.la C.
2857
Lavaredohütte
Rif. Lavaredo
2344
Cappella degli Alpini
2314
2226
Monumento ai Caduti
Cason Cengia Bassa
1602
Val del Salto
2386
Val Lavaredo
Val de Cengia
Caso de la Pala
1360
101
101A
101B
102
104
105
107
1104
1107
119
DUG
(Var.)

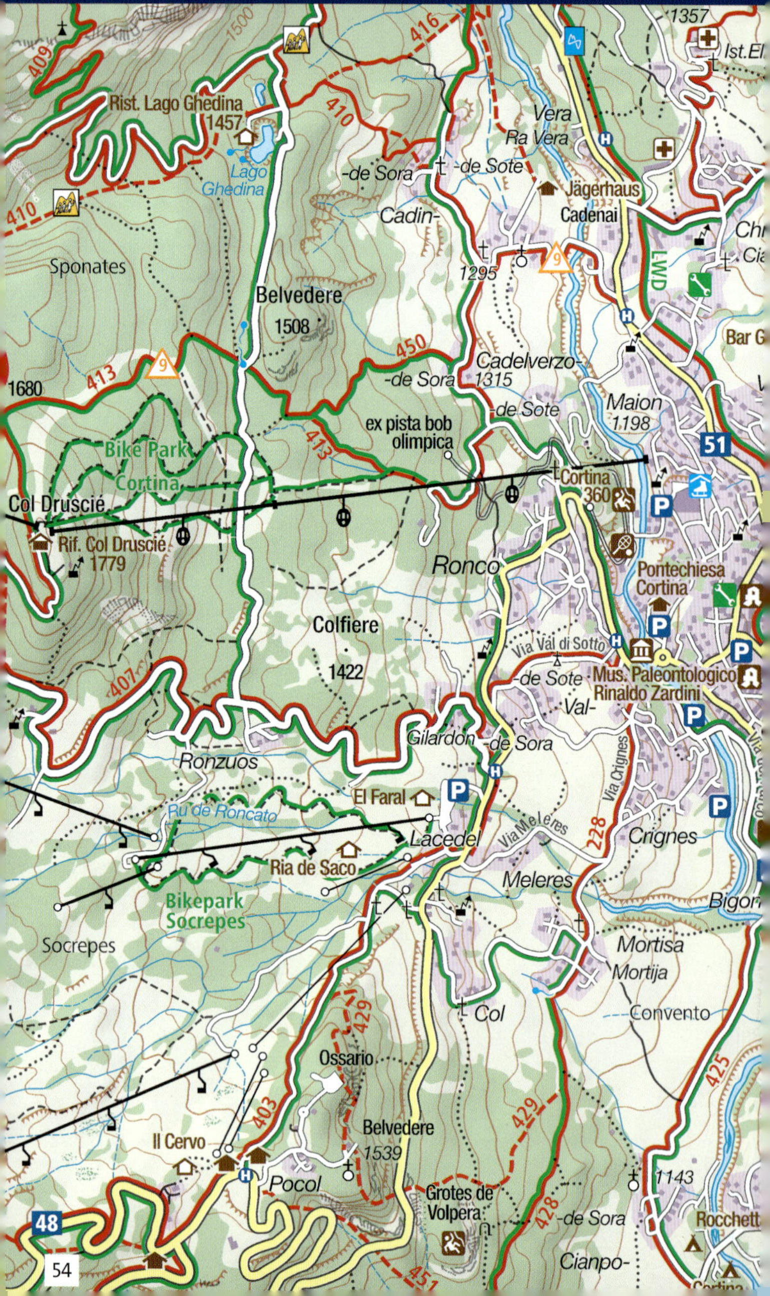

Rist. Lago Ghedina
1457
Lago Ghedina
Sponates
Belvedere
1508
1680
Bike Park Cortina
Col Druscié
Rif. Col Druscié
1779
Colfiere
1422
Ronzuos
Ru de Roncato
El Faral
Lacedel
Ria de Saco
Bikepark Socrepes
Socrepes
Ossario
Belvedere
1539
Il Cervo
Pocol
Grotes de Volpera
Vera
Ra Vera
-de Sora
-de Sote
Cadin-
Jägerhaus
Cadenai
1295
Cadelverzo-
-de Sora
1315
-de Sote
ex pista bob olimpica
Maion
1198
Cortina
360
Ronco
Pontechiesa
Cortina
Via Val di Sotto
-de Sote
Val-
Mus. Paleontologico Rinaldo Zardini
Gilardon
-de Sora
Via Crignes
Via Meleres
Crignes
Meleres
Mortisa
Mortija
Col
Convento
1143
-de Sora
Cianpo-
Rocchett
1357
Ist.El
LWD
Bar G
Bigon
1500
409
410
416
413
450
407
403
429
428
425
228
451
9
48
51

Cortina d'Ampezzo
Chiamulera
Ciamuera
Col Tondo
1429
1411
204
211
9
1710
Rif. Mietres
Mietres
Staulin
1378
Grava
Graa
Alverà
1329
209
Rist. Lago Scin
1336
48
Pecol
206
Lago dei Vence
Lago de Costalares
210
Mandres
220
Rif. Faloria
2123
Via ferrata
Sci Club 18
Crepedel
212
Val de Lago
Fatt. Meneguto
Baita Fraina
Sorg.
1600
Lago de Noulu
La Riva
Fora in Ria
Località Fraina
Cojana
Al Mas
Via Faloria
208
LWD
Via Roma
Via Guide Alpine
Località Riva
d'Arte Moderna
ario Rimoldi
asa de Ra Regoles
Località Cianderies
ianderies

3 Passo Falzarego - Lagazuoi

0 250 500m
Maßstab 1:25 000

Tabia Salvaniera
1206
Tabia Nanezotto
1383
Val de Cortadeto
1489
La Rivazza
S. Floreano
San Bodo
Roamoesta
V. Podolada
Chiapuzza
1007
Ciasalis
Chiavalis
L. de Mosigo
La Sentinella
1624
Costa
1108
Via Nazionale
Ru Seco
Vallesella
Via Belvedere
Ristorante "Rif. Senes"
1214
Bosco Vizza
Rif. Larin
1213
Col della Pausa
Corso Italia
Via Ladinia
1052
S. Vito
di Cadore
1010
Col Gialinai
1321
R. Ciauzia
Rio Laes
Ponte di Sèrdes
Trieste
Resinego
Via Roma
T. Bòite
Laghetti Polentaia
Serdes
1000
Via Pelmo
LWD
P. de Orsolina
Tabia Trafies
Sót Tiera
Laghetto di San Vito
Taulà de Tiera
1271
La Grotta de Madonna
Via Taulen Marceana
946
R. Tiera
Costa Brusada
R. Perabelun
Villanova
932
La Croda Rotta
Pian de Madièr
Plaza de Luda
Taulà Constantini
1131
Pian S. Simon
di Pecòl
Ciauta
Tabià Ciàuta
1284
R. de Assola

0 250 500m
Maßstab 1:35 000

5 Alleghe

Col Davara
Col de Sopernal
Sfessa
Tos
1280
1507
1886
Col Davagnin
1917
Ru Pesorcia
Rudatos
Santa Maria delle Grazie
1576
Via Nazionale
T. Cordevole
Zuidàgn
TMV
Col de Fontana
1197
Piniè
1568
Saviner di Callòneghe
1080
-di Sopra
1330
-di Sotto
Peroncina
Pradel-
Perazza
Via Monte Civetta
Ru della Vizza
Vallazza
I Col
Bosco delle Miniere
Cordella
1062
1206
Coldemies
Ru dell'Avia
564
Lago di Alleghe
(966)
Località Masarè
Casaril
Chalet de Toni
Via Coldài
Via Valgrande
Fontanive
B.ta da Teno
Sent. nat. Sottoguda Masaré
Alleghe
979
565
T. Zunaia
Col
V. la Paganini
203
10
1079
Masaré
1009
Ru Sec
1678
Riete
Via dei Pini
Camping Alleghe
1A
La Rocca
1800
1882
Sass Spiz
1257
Le Meriane Basse
Ru Col Alto
Meriane Alte
TMV
566
982

Rif. Fertazza
1839
La Ciasela
Forc. Pécol
1786
Crepa delle Salere
1903
561
569
568
568
nazza
2101
dei Viai
2082
Belvedere
568
Costa del Conte
C.ra Fontanafredda
1768
Val d'Aier
1799
561
C. ra Vescovà
1734
561
trente
Col dei Baldi
Col dei Baldi
1922
La Tiezza
(nur Winter)
Piani di Pezzè
Col de Frene
1897
Pian dei Sech
B.ta Scoiattolo
Fontanabona
564
564
Ru de l'Aiva
lini
Forc. di Alleghe
Col Mul
1989
Malga Pioda
Sora Sassel
Crepe de Falconera
2217
C. Ovest di Coldai
2396
C. di Coldai
2403
1
556
Sassel
Ru de Porta
Pale de la Foia
Forc. Coldai
2132
2191
Rif. A. Sonimo
Al Coldai
L. del Coldai
2143
557
1716
Torrione delle
Zioliere
2172
Col Negro
di Coldai
2248
560
565
T. di Coldai
2600
Sent.
Tivan
2037
nch Brusa
T. di Alleghe
2649
2329
Crodolon
1
560

HÜTTEN UND ALMEN

BAITE E RIFUGI/ALPINE HUTS AND REFUGES

Für neuen Aufschwung/Per una nuova ripresa/For relaxation and recovery

Ob Ütia, Rifugio, Capanna, Malga, Alm oder Hütte – an diesen Orten können sich Wanderer stärken und erfrischen und die Aussicht genießen.
Ütia, rifugio, capanna o malga: in questi luoghi i visitatori possono rigenerarsi e trovare refrigerio ed ammirare il panorama.
Be it an ütia, a rifugio, a capanna, a malga, a lodge or a hut – these are all places where hikers can refuel and savour the view.

A. Berti, Rifugio
H1
+39 0435 67155
www.rifugioberti.it

A. Bosi al Monte Piana, Rifugio
F1
+39 0435 39034
www.montepiana.com/rifugiobosi.htm

A. Dibona, Rifugio
C2
+39 0463 860294

A. Sonino Al Coldai, Rifugio
C/D 3/4
+39 0437 789160
www.rifugiocoldai.com

A. Vandelli al Sorapis, Rifugio
F2
+39 0435 39015
www.rifugiovandelli.it

Angelini, Rifugio/Casel Sora l'Sass
E4
+39 327 1619247
rifugiosoralsass.wordpress.com

Antelao, Rifugio
G3
+39 347 8935693

Baion, Rifugio
H2
+39 0435 76060
www.rifugiobaion.it

Bioch, Ütia
A2
+39 0471 847222
www.fornata.it

Büllelejochhütte/Rifugio Pian di Cengia
G1
+39 337 451517
www.rifugiopiandicengia.it

Capanna Alpina
B2
+39 0471 849418

Capanna degli Alpini
F/G 2/3
+39 333 7083444
www.rifugiocapannadeglialpini.it

Capanna Trieste
C4
+39 0437 660122
www.rifugiocapannatrieste.it

Cercena, Rifugio
H/I 3
+39 340 7350469

Cherz, Rifugio
A2
+39 339 5957823
www.cherz.it

Ciareido, Rifugio
H2
+39 0435 76276
www.rifugiociareido.com

Cima Tofana, Rifugio
C2

E1 = Planquadrat = bewirtschaftet = Übernachtungsmöglichkeit = Sommerbetrieb = Winterbetrieb
E1 = riquadro = servito = pernottamento = esercizio estivo = esercizio invernale
E1 = Map square = Serves food = Accommodation = Open in summer = Open in winter

Cinque Torri, Rifugio
C2
+39 0436 866853

Citta di Carpi, Rifugio
F/G2
+39 328 6875712

Citta di Fiume, Rifugio
D3
+39 320 0377432
rifugiocittadifiume.it

Col d'la Tenda, Rifugio
I1
+39 0474 705253

Col dei Baldi
C3
+39 0437 723978
www.chaletcoldeibaldi.com

Col de Varda
F 2/3
+39 0435 39041
www.rifugiocoldevarda.it

Col Druscie, Rifugio
D2
+39 0436 862372

Colt Alt, Rifugio
A2
+39 0471 836324
rifugiocolalt.com

Costapiana, Rifugio
G3
+39 335 8115470
www.rifugiocostapiana.it

Crëp de Munt, Ütia
A2
+39 349 3574435
www.crepdemunt.it

Croda da Lago, Rifugio
D 2/3
+39 0436 862085
www.crodadalago.it

Dolomites, Rifugio
F4
+39 0435 31315

Drei-Zinnen-Hütte/Rif. A. Locatelli – S. Innerkofler
G1
+39 0474 972002
+39 329 6690335
www.dreizinnenhuette.com

Duca d'Aosta, Rifugio
D2
+39 0436 2780
www.rifugioducadaosta.com

Dürrensteinhütte/ Rifugio Vallandro
E1
+39 0474 972505
www.vallandro.it

Faloria, Rifugio
E2

Faneshütte/Rifugio Fanes
C1
+39 348 3900660
www.rifugiofanes.com

Fattoria Meneguto
E2
+39 0436 860441
agriturismodegaspergiorgio.it

Fedare, Rifugio
C2/3
+39 339 4369929
www.rifugiofedare.it

Federa, Malga
D 2/3
+39 324 9249678
www.malgafedera.eu

Fertazza, Rifugio
C3
+39 349 3524999
www.ristorofertazza.it

Fodara Vedla, Rifugio
C1
+39 3488537471
www.fodara.it

Fontanabona
C3
+39 348 1379792

Fraina, Baita
D/E 2
+39 0436 3634
www.baitafraina.it

Fratelli Fonda Savio, Rifugio
F/G 1
+39 0435 39036
www.fonda-savio.it

G. Carducci, Rifugio
H1
+39 347 6861580
www.rifugiocarducci.eu

G. Chiggiato, Rifugio
G 2/3
+39 3461817182
www.rifugiochiggiato.it

G. Talamini, Rifugio
E4
+39 380 9081496
rifugiotalamini.com

Galassi, Rifugio
F3
+39 340 1214300
www.rifugiogalassi.it

= unbewirtschaftet = keine Übernachtungsmöglichkeit = kein Sommerbetrieb = kein Winterbetrieb
= non servito = nessun pernottamento = non attivo in estate = non attivo in inverno
= No food = No accommodation = Closed in summer = Closed in winter

Giussani, Rifugio
C2
+39 0436 5740
www.rifugiogiussani.com

Grande Batia Civetta
D4
+39 0437 523591
www.grandebaitacivetta.
com

Heiligkreuz, Schutzhaus
A/B 1
+39 0471 839632
www.lacrusc.com

Italo Lunelli, Rifugio
H1
+39 0435 67171

La Brancia, Ütia
A2
+39 0471 836895

La Fraina, Ütia
A1
+39 0471 84 72 69
www.lafraina.it

La Marmotta, Ütia
A2
+39 0471 83 03 41
www.lamarmotta.com

Lagazuoi, Rifugio
B/C 2
+39 340 7195306
www.rifugiolagazuoi.com

Lago d'Ajal, Rifugio
D2
+39 376 0474338

Las Vegas, Ütia
A2
+ 39 0471 840138
www.lasvegasonline.it

Lavaredohütte/ Rifugio Lavaredo
G1
+39 349 6028675
www.rifugiolavaredo.com

Lavarellahütte/ Rifugio Lavarella
B/C1
+39 0474 501094
www.lavarella.it

Lee, Ütia
A1
+39 347 2383927
www.rifugiolee.it

Malga Lareto, Rifugio
E2
+39 368 7008083

Mietres, Rifugio
E2
+39 334 7203154
mietres.it

Migon, Rifugio
B3
+39 0437 529019

Monte Agudo, Rifugio
H2
+39 347 5550351

Monte Pelmo, Rifugio
D 3/4
+39 0437 789359

Nagler, Ütia
A1
+39 335 6932118

Negerhütte
A2
+39 0471 836138

Padova, Rifugio
I3
+39 0435 72488
www.rifugiopadova.it

Palafavera, Rifugio
D 3/4
+39 0437 789133
www.palafavera.com

Passo Fedaia, Rifugio
A3
+39 0437 722007
www.rifugiofedaia.com

Passo Staulanza, Rifugio
D3
+39 0437 788566
www.staulanza.it

Pederü, Rifugio
C1
+39 0474 501086
www.pederue.it

Pian del Crep, Rifugio (Mc Bepi, Rifugio)
D4
+39 0437 788605
www.ristorobepi.com

Piz Arlara, Ütia
A2
+39 0471 836633
www.pizarlara.it

Piz Sorega, Ütia
A2
+39 0471 849434
www.pizsorega.it

Pordenone, Rifugio
I4
+39 0427 87300

E1 = Planquadrat = bewirtschaftet = Übernachtungsmöglichkeit = Sommerbetrieb = Winterbetrieb
E1 = riquadro = servito = pernottamento = esercizio estivo = esercizio invernale
E1 = Map square = Serves food = Accommodation = Open in summer = Open in winter

Pralongiá, Ütia
A2
+39 0471 836072
www.pralongia.it

Punta Trieste, Ütia
A2
+39 0471 836643
www.puntatrieste.it

Ra Stua, Rifugio
D1
+39 333 9142206
www.malgarastua.com

Ra Valles, Rifugio
D2
+39 3407967039

Ranch da André
A1
+39 338 609 8704
+39 0471 843174

Rifugio Senes, Ristorante
E3
+39 0436 9476

San Marco, Rifugio
F3
+39 0436 9444
www.rifugiosanmarco.com

Saraghes, Ütia
A/B2
+39 335 7897164

Sasso Bianco, Rifugio
B 3/4
+39 335 7897164

Scoiattoli, Rifugio
C2
+39 0436 867939
www.rifugioscoiattoli.it

Scotter-Palatini, Rifugio
F3
+39 0436 99035
www.rifugioscotter.it

Scotoni, Ütia
B/C2
+39 0471 847330
www.scotoni.it

Son Forca, Rifugio
E 1/2
+39 0436 861822
+39 349 8800032
www.rifugiosonforca.it

Sponata, Ütia
A1
+39 0471 847 847
www.rifugiosponata.it

Tita Barba, Rifugio
H3
+39 0435 32902

Tondi, Rifugio
E2
+39 0436 5775
www.rifugiocapannatondi.it

Valparola, Rifugio
B 2
+39 0436 866556
www.rifugiosponata.it

Vazzoler, Rifugio
C4
+39 340 3340391

Venezia A. De Luca, Rifugio
E3
+39 0436 9684
+39 320 0103872
www.rifugiovenezia.it

Zeichenerklärung WANDERTOUREN/Legenda delle camminate/Hiking tour symbols

Streckentour
Itinerario
One way tour

Gehzeit
Durata
Walking time

Rundtour
Giro turistico
Circuit tour

Höhenmeter Aufstieg
Dislivello salita
Elevation gain

Länge
Lunghezza
Distance

Höhenmeter Abstieg
Dislivello discesa
Elevation loss

= unbewirtschaftet = keine Übernachtungsmöglichkeit = kein Sommerbetrieb = kein Winterbetrieb
= non servito = nessun pernottamento = non attivo in estate = non attivo in inverno
= No food = No accommodation = Closed in summer = Closed in winter

IMPRESSUM/COLOPHON/IMPRINT

© KOMPASS-Karten, A-6020 Innsbruck (23.01)
1. Auflage 2023 Verlagsnummer 55 ISBN 978-3-99121-592-9

Text/Testo/Text: Mag. Dr. Julia Bihar

Titelbild/Foto di copertina/cover picture: Lago di Federa
(Foto: © Ivan Kmit - stock.adobe.com)

Bildnachweis: © Patrocinio del Parco Naturale delle Dolomiti d'Ampezzo: 2, 14 (links), 18 (rechts); Alta Badia/Visual Working: 8 (links+rechts), 10 (links+rechts), 12 (rechts), 21; Alta Badia/Freddy Planinschek: 12 (links), 20, 22, 23; Val di Zoldo Turismo: 14 (rechts); MMM Dolomites/Tappeiner: 18 (links)

Alle Angaben und Routenbeschreibungen wurden nach bestem Wissen gemäß unserer derzeitigen Informationslage gemacht. Die Wanderungen wurden sehr sorgfältig ausgewählt und beschrieben, Schwierigkeiten werden im Text kurz angegeben. Es können jedoch Änderungen an Wegen und im aktuellen Naturzustand eintreten. Wanderer und alle Kartenbenützer müssen darauf achten, dass aufgrund ständiger Veränderungen die Wegzustände bezüglich Begehbarkeit sich nicht mit den Angaben in der Karte decken müssen. Bei der großen Fülle des bearbeiteten Materials sind daher vereinzelte Fehler und Unstimmigkeiten nicht vermeidbar. Die Verwendung dieser Wanderkarte + Aktiv Guide erfolgt ausschließlich auf eigenes Risiko und auf eigene Gefahr, somit eigenverantwortlich. Eine Haftung für etwaige Unfälle oder Schäden jeder Art wird daher nicht übernommen. Für Berichtigungen und Verbesserungsvorschläge ist die Redaktion stets dankbar. Korrekturhinweise bitte an folgende Anschrift:

Crediti fotografici: © Patrocinio del Parco Naturale delle Dolomiti d'Ampezzo: 2, 30 (sinistra), 32 (destra); Alta Badia / Visual Working: 24 (sinistra e destra), 26 (sinistra e destra), 28 (destra), 35; Alta Badia / Freddy Planinschek: 28 (sinistra), 34, 36, 37; Val di Zoldo Turismo: 30 (destra); MMM Dolomites / Tappeiner: 32 (sinistra)

Tutte le indicazioni e le descrizioni degli itinerari sono state realizzate con scienza e coscienza e secondo le informazioni attualmente disponibili. Le escursioni sono state selezionate e descritte con la massima cura accennando i livelli difficoltà all'interno dei testi. Si possono però verificare eventuali modifiche dei percorsi e del patrimonio naturale corrente. Gli escursionisti e gli utenti delle mappe sono tenuti a prestare attenzione al fatto che le condizioni dei percorsi, per quanto riguarda la loro accessibilità, non corrispondano alle indicazioni delle mappe a causa delle costanti modifiche. Per questo motivo non si possono escludere isolati errori ed incongruenze per via della grande quantità di materiale trattato. L'impiego della presente guida avviene esclusivamente a proprio rischio e pericolo ed in modo responsabile. Per questo motivo l'azienda non si assume nessuna responsabilità di eventuali incidenti o danni di qualsiasi natura. La redazione ringrazia sempre per le eventuali correzioni e proposte di miglioramento. Inviare le indicazioni sulle correzioni al seguente indirizzo:

Picture credits: © patrocinato del Parco Naturale delle Dolomiti d'Ampezzo: 2, 44 (left), 46 (right); Alta Badia/Visual Working: 38 (left+right), 40 (left+right), 42 (right), 49; Alta Badia/Freddy Planinschek: 42 (left), 48, 50, 51; Val di Zoldo Turismo: 44 (right); MMM Dolomites/Tappeiner: 46 (left)

All information and route descriptions contained in this publication have been provided to the best of our knowledge, in accordance with the information available to us at the time of publication. The hikes have been carefully selected and described, accompanied by a brief outline of the level of difficulty in the text. Nonetheless, the trails or nature conditions may be subject to change. Hikers and all map users are therefore advised to take into account that due to constantly changing trail conditions, accessibility encountered may not always be compatible with the information provided in the hiking guide. Furthermore, due to the abundance of information provided, minor errors and discrepancies may occur. The use of this hiking map + active guide is at your own risk, at your own peril. The user therefore agrees to accept sole responsibility. No liability shall be assumed for any accident or damage of any kind as a result. The editorial office welcomes any corrections or suggestions for improvement. Please send your suggestions to the following address:

KOMPASS-KARTEN GMBH
Karl-Kapferer-Straße 5, A-6020 Innsbruck
www.kompass.de/service/kontakt